JN250854

『貧しい人々のマニフェスト』正誤表：ISBN978-4-7944-4072-3

訂正箇所	誤	正
iiページ／2行目	*Manifest of the Poor*	*Manifesto of the Poor*
12ページ／最終行	モーゼス・コアディ司祭	モーゼス・コーディ司祭
29ページ／9行目	～政府の関心は大企業の関心と	～政府の関心が大企業の関心と
124ページ／8～9行目	『貧者のマニフェスト』	『貧しい人々のマニフェスト』
141ページ／3行目	私たち日本人にとって，	日本に住む私たちにとって，
事項索引iiiページ／下から5行目	―――経済の可能性	『連帯経済の可能性』

http://www.books-sosei.com

貧しい人々のマニフェスト

フェアトレードの思想

フランツ・ヴァンデルホフ［著］
北野　収［訳］

創成社

Original edition published in the United Kingdom, under the title:
Manifest of the Poor
Copyright © Permanent Publications, The Sustainability Centre, East Meon,
Hampshire GU32 1HR, United Kingdom www.permanentpublications.co.uk

この本を手にした方へ

本書の著者は、世界初の国際フェアトレード認証ラベル制度の共同設立者で、オランダ人のカトリック司祭である。彼は三十数年以上の長きにわたりメキシコ南部で農民とともに暮らしながら、コーヒー生産に関わってきた。

おそらく、本書の読者の多くは、フェアトレードにある程度の知識を持った人か、国際開発や開発協力支援に関心がある人だと思われる。フェアトレードに関する入門書を探していた人が題名にひかれて手にされた場合もあるだろう。ある意味、本書はフェアトレードの入門書としては適当ではないかもしれない。メインストリームの開発経済学やＮＧＯ論を学ぶ人には、本書のメッセージは過激で非現実的だと感じる方が少なくないと予想する。ヴァンデルホフ神父の言葉は、一見、あまりにも反資本主義的で不愉快で偏向的なものとして映るかもしれない。

このことを念頭において、私は本書の副題を「フェアトレードの思想」にした。理由は、本書が今日の国際フェアトレード運動の父ともいえる人物のフェアトレードの思想が綴られた本だからである。だが、それは彼1人の思想ではなく、仲間の農民たちと彼が共有する思想であり、彼は語り部＝代弁者に過ぎない。私の翻訳の稚拙さもさることながら、彼の文章（ただし英語に翻訳されたもの）も決して洗練されているとはいえず、少々くどい印象がある。4つの博士号を持つ学識者であるにもかかわらず、科学的で論理的な文章ではない。

彼の主張《マニフェスト》を全否定するのも、10パーセントだけ納得するのも、読者の自由である。私自身、フェアトレードや先住民共同体を美化しすぎていると感じた箇所があるし、すぐには同意できかねる部分もある。だが、1つだけお願いしたいのは、ヴァンデルホフがいかなる時代をどこで生き、どのような現実を見てきたか、何を経験し、何を想い、その結果この思想を見出したのかについて、想像しながら読んでいただきたいということである。そこには、私たち先進国の住人にとっては、非科学的で夢想的に思える考えであっても、30年以上もの長きにわたり、南部メキシコの山岳地帯の先住民族の村で農民として暮らす中で、怒り、泣き、笑い、学んできた1人の人間が、仲間とともに、その思想を見出したという事実がある。ヴァンデルホフ神父の半生をわずかだけ知った者として、彼のはたらきに深い敬意を表さざるを得ない。彼の経歴については「著者について」および巻末の解説「認証ラベルの向こうに思いをはせる」を参照していただきたい。

冒頭にあげたような方々にとって、本書はメインの教科書にはなり得ないかもしれないが、価値ある副読本として十分活用していただけると思う。仮にそうなれば、訳者として、また、ほんの少しだけヴァンデルホフとＵＣＩＲＩ《ウシリ》組合と交わりを持った者として、それに勝る喜びはない。

なお、本書の関連書として南の国々の人々との関係や開発援助・支援についてどう考えるかという問いを対岸から提起する拙著『国際協力の誕生』を、最も手軽なフェアトレード入門書として清水正著『世界に広がるフェアトレード』を併読されることをお勧めしたい（いずれも創成社刊）。

訳　者

目　次

この本を手にした方へ
推薦の言葉　1
著者について　5
巻頭言　7
序　文　11
第1章　経済危機に直面する貧困者……15
第2章　危機が持続する構造……25
1　恐るべき資本主義……25
2　資本主義の神が犯した失敗……32
3　貧困は天罰ではない……36

4 皆が責任を持つ……42
5 幸福とは何か？……47
6 国が人々を脅す……51

第3章 下からのグローバリゼーション……55

1 何のための成長か？……55
2 チャリティは不要……60
3 倫理に基づいた反撃……65
4 上手くいった！……72
5 多国籍の衣を着た悪魔……76
6 貧者の小さな哲学……79

第4章 もう1つの世界は可能だ……85

1 反論とは提案をすること……85
2 「社会的ビジネス」が目指すこと……91
3 オルタナティブな潮流……93

4 インターネットの社会的利用 …… 100
5 信じよ、現実を見よ …… 102
6 国民総幸福量（GNH） …… 106
7 下からの国際規制 …… 107

第5章 私はもう1つの世界の夢を描いた …… 113

JUST・US！ コーヒー焙煎協同組合について …… 119

◎解説◎ 認証ラベルの向こうに思いをはせる …… 123

1 はじめに …… 123
2 フェアトレードについて …… 126
（1）定　義／（2）歴　史／（3）認証ラベル
3 ヴァンデルホフの半生 …… 134

4 「フェアトレードの思想」を考える視点 …… 141
（1）共同体的公共性・個人・文化／（2）社会的連帯経済／（3）ラテンアメリカの解放の神学／（4）欧米社会におけるチャリティと市民的公共性／（5）グローバルな正義／（6）ポスト開発とオルタナティブな開発
5 回想のテワンテペック地峡 …… 168
（1）南部メキシコという文脈／（2）UCIRI訪問の思い出／（3）2年越しの面会の意味
6 開発・発展をめぐる天動説と地動説 …… 178
7 おわりに …… 181

訳者あとがき 185
解説で引用した文献等 189
人名索引 iv
事項索引 i

推薦の言葉

「経済危機の真っただ中で、フランツ・ヴァンデルホフ神父は『連帯と正義によって市場を占拠せよ、大企業のためでなく、人間のための経済をつくるのだ』と私たちに説く。アース・デモクラシーの一翼を担って、生きた経済《リビングエコノミーズ》を創造することは、単に不可能ではないというより、平和・正義・持続可能性のための必須要件である。」

ヴァンダナ・シヴァ（Vandana Shiva）
ライト・ライブリフッド賞受賞者、
『アース・デモクラシー』を含む数冊の著者

「フランツ神父は価値と参加が本来あるべきところ――より人間的で文明的な経済の中心――にあるべきだと説く。付言すれば、彼はこの最前線からの報告において、今現出しつつある彼の主張を証明する多様なモデルとイニシアチブとともに、理論を上手に実践へと翻訳している。」

ジョナサン・ドーソン（Jonathan Dawson）
シューマッハー校、経済学主任

「この小さな本には大きなパンチが詰まっている。ヴァンデルホフ神父は新自由主義市場を特徴づける搾取、暴力、不正義に対するストレートかつ挑発的な批判を述べている。同様に、農民や周辺化された人々への尊敬の意と公正な取引への要求はストレートだ。もし貴方が、自分には何が出来るのか、あるいは何をすべきなのか分かっていないなら、この本を読んでほしい。疑問は解消され、自分の買い物リストを修正することになるだろう。」

ネッティ・ウィーベ（Nettie Wiebe）
有機農業者、サスカチュワン大学倫理学教授
ナショナル・ファーマーズ・ユニオン元代表
ビア・カンペシーナ創立メンバー

「自由主義とグローバリゼーションの構造的暴力に対する深い洞察をもって、30年もの間、メキシコの農民と一緒に働いた経験の総まとめである、フランツ神父の示唆に富んだ刺激的な『マニフェスト』は、私たちに、資本主義が内包する非人道性に対する実践的で根本的な解決策――企業ではなく、人間と地球が大地の恵みに対する献身の場としての連帯経済――を示してくれる。」

マーク・ボイル（Mark Boyle）
『ぼくはお金を使わずに生きることにした』著者

「もはや、フェアトレードは快適な暮らしを送る消費者層の倫理的な購買行動の選択肢に留まらない。フェアトレードによってエコロジーとエコノミーは交わり、この地球と人間の双方に便益をもたらす。それは尊厳とすぐれた価値を世界中の人々にもたらす。消費者は購買の選択によって意味深く自分たちの社会の輪郭を形作ることができるようになり、買う目的を与えられる。フランツ神父はエコロジー的なバランスがとれた世界をもたらす公平でより健全な人間の文明の発展にとって、なぜフェアトレードが不可欠なのか説明する。文字通り、選択肢は私たちの手の中にある。もし、経済と環境の崩壊を抑えることについて真剣に考えるなら、フランツ神父の『マニフェスト』は、誰にとっても重要なテンプレートである。」

メディ・ハーランド（Maddy Harland）
Permaculture Magazine: Practical Solutions for Self-Reliance 共同創刊者

「フランツ神父は、なぜ私がフェアトレード活動家になったのかを思いださせてくれた。それは公共性の創出と貧困層や排除された人々のエンパワーメントのためだった。私たちが現実の問題を直視するよう説き続けてくれるヴァンデルホフ神父に感謝したい。」

グレッグ・ヴェレリオ（Greg Valerio）
Making Trouble: Fighting for Fair Trade Jewellery 著者
ＣＲＥＤジュエリー創業者
２０１１年オブザーバー・エシカル・アワード受賞者

「フランツ神父の『マニフェスト』は、深遠なるメキシコ《ディープ・メキシコ／メヒコ・プロフンド》として知られるテワンテペック地域の先住民族コミュニティにおいて練り上げられた。グローバル資本主義に対する彼の鋭い洞察と社会正義への情熱的な呼びかけは、オリジナルのフェアトレード運動の実践に根ざしたものなのだ。」

エリック・ホルト＝ギメネス（Eric Holt-Gimenez）
フード・ファースト／食糧・開発政策研究所専務理事
Food Movements Unite! 著者、*Food Rebellions* 著者（ラジ・パテルとの共著）

「ニューインターナショナリスト協同組合は長年にわたり、ココア、バナナ、茶、コーヒーを生産する農民の物語を語り続けてきた。より最近では、私たちの組合はフェアトレードの生産者と一緒に仕事をしており、フェアトレード産品の直接販売に関わっている。フランツの『マニフェスト』は、私たちが説いてきたことを実践し続けなくてはならない理由を示す完璧な助言である。ありがとう。」

マイケル・ヨーク（Michal York）
ニューインターナショナリスト協同組合

著者について

オランダの貧農の15人兄弟の1人として生まれたフランツ・ヴァンデルホフ（Francisco Van der Hoff Boersma）は、持たざる人々のための卓越した戦略家である。彼は、神学と政治経済学の博士号取得後、オタワ大学で教えた。彼にとって、大学という場所は安心で生計を得られるオアシスではあったが、教室で教えることは彼がすべきことではなかった。彼はもっと直接人々と関わりを持てるような仕事を望んだ。

彼は「労働司祭」として生きることを想い描き、ちょうどその頃、公正で優しい社会への希望とともに、アジェンデ大統領（訳注：Salvador Allende, 1908-1973, チリの政治家、医師、同政権は世界で初めて選挙で選出された社会主義政権）が選挙で選出された南米チリにわたり、炭鉱で働く道を選択した。だが、それは突然やってきた。アジェンデと彼の政権は1973年9月11日の軍事クーデターによって崩壊したの

である。フランツは軍の指揮官に国外退去するよう警告され、背中に衣類だけを背負い、難民認定を求めてメキシコに渡った。

メキシコ市で数年間、経済開発に関する事業に従事した後、彼は司教から飢えに苦しむオアハカ州のコーヒー農民に対して何ができるか調査することを打診された。数百もの小規模農民たちをUCIRI協同組合（イスモ地域先住民族共同体組合）へとまとめ上げるまでには、数えきれないほどの克服すべき障害があった。コーヒー取引における仲買人《ミドルマン》として荒稼ぎをしていた連中は、既得権益が侵されると感じ、組合員たちは共産主義者だと吹聴した。仲買人は政府職員や軍部と共謀して、組合を頓挫させるために、ありとあらゆることを行った。最初の7年間に、39人ものUCIRI組合員が殺された。

UCIRIと農民たちは辛抱を続け、彼らは世界のフェアトレード組合の手本となった。今では、彼らの偉業から学ぶため、秘境ともいうべきオアハカの山岳地帯に世界中からひっきりなしに訪問者が訪れている。

巻頭言

フェアトレード商品が棚に並ぶようになって25年を迎えたことを祝うこの時、世界は経済危機に動揺し、自然災害に嘆いている。国際フェアトレード認証ラベルの共同設立者であるフランツ・ヴァンデルホフ氏と、社会的連帯に基づいたオルタナティブな未来について、氏の展望を共有することは、最も時宜にかなったことであろう。最高の着想と妥協なき澄み渡った思想に基づいて、彼は、グローバリゼーション下において、コミュニティ間の連帯に基づき、小規模な農民と貧困者たちが第一に位置づけられるような経済の必要性を訴える。

ヴァンデルホフ氏はフェアトレードをある種の社会的な実験の場ととらえている。私たちは、ラディカルな新しいアイデアと貿易を規制する革新的な方法を試み、うんざりするほどの驚くべき冷ややかな視線を浴びつつも、成果を見出してきた。その理由は、私たちが人間と正義を最重要視してきたことにある。フェアトレードは世界のあらゆる問題に対する回答ではない。私たちは、これから始まる長く困難な旅のほんの出発点にいるに過ぎない、ということを、痛みを伴いながら十分に承知している。しかし、フェアトレードは、広範囲に及ぶに違いない変革の種子を確実に宿しているのだ。このマニフェストは、持たざる者たちの考えへの尊敬と暮らしの中のオルタナティブに対する敬意に基づく「抵抗と提案」の実践的経験に根ざしている。

「自分が願う変化にあなた自身がなりなさい（be the change you want to see）」というガンジーの信条に従って、フランツ・ヴァンデルホフ氏は自分の意志に従い、控えめなロールモデルであることに徹した。メキシコの山岳地域で先住民の農民たちとともに暮らしてきた彼にとって、その世界観を特徴づけ、彩るのは農民たちのリアリティにほかならない。この本は、貧困問題に取り組むための政策アジェンダでも、恩着せがましく高所から貧困層を見下ろすようなマニフェストでもない。これは厳密な意味での貧しい人々のマニフェストである。世界が目を覚まし、小規模農民たちの叡智に耳を傾けようという呼びかけであり、農民らの尊厳に満ちた正義の訴えである。彼は言う。私たちは上から与えられる解決策を求めるべきではない。そうではなく、解決策のためには、組織化された小規模農民、周辺化された先住民、最も貧しい人々自身に目を向けるべきだ、と。

こうした彼の批判は必要なものである。あれだけの銀行・金融の危機の後、世界がすぐにいつも通りの状態に戻ったのはショッキングだった。公的資金と公共の利益を犠牲にして銀行と何の足かせもない強欲な経済を救済したのである。主流の政策立案は、恥じらいもなくウィンクするやいなや、再度、自由市場と利己的な利益の追求の祭壇にひざまずいたのだった。

ヴァンデルホフ氏は、資本主義によって生み出された不正義と貧困と早急な変化の必要性を、私たちに教えてくれる。これらの危機は、何が上手く機能していないのかについて、それが陽のあたるところで花開く新しいアイデアについて、私たちに教えてくれると彼は説く。

このマニフェストは明確なビジョンであり、空想上の物語ではない。このマニフェストの目的に相応しいフェアトレードというものは、混沌とした複雑なリアリティにあまりにも依拠しすぎている。人々とこの地球を第一に考える方途を求め、正義に基づいたオルタナティブな経済モデルを創造することは、常に大いなる挑戦である。その一歩一歩の歩みは、七転び八起きのようなフェアトレード運動を前に進める動きの中で、しっかりと議論されてきた。

しかし、フェアトレードは世界中の人々に対して、刺激と励ましをもたらしてきた。それは、コミュニティを第一に考え、不利な状況にある小規模生産者とともに働き、環境にも関心を払うような実験的空間を創造してきたのである。これがフェアトレードへの支持が高まってきた理由である。さらに、互いにグローバルに繋がりつつ、コミュニティがローカルなレベルでまとまるフェアトレード・タウン運動は、まるで野火が世界中に広がるかのごとくの高まりを見せている。

フランツ・ヴァンデルホフ氏は、団結した生産者と消費者、そして私たちの周りの不正義に怒るすべての人々が、下から上に向けて、実験と議論と活動を続けていくことを主張する。このマニフェストは、必ずしや議論に閃《ひらめ》きを与えるに違いない。そして、この騒々しく慌ただしい日常の暮らしの中で、立ち止まって思考し耳を傾け、変化のために行動することの必要性を私たち皆に教えてくれる。

国際フェアトレード・ラベル機構 最高経営責任者　ハリエット・ラム

序文

「ただ座って、地球の諸問題の解決策を待っている訳にはいかない。」

エリノア・オストロム（1933〜2012）
2009年に女性として初めてノーベル経済学賞を受賞

『貧しい人々のマニフェスト』はボトムアップ型の開発の手本として、非常に時宜にかない、切望されてきた本である。フェアトレード共同設立者の1人であるフランシスコ・ヴァンデルホフ氏のペンによる本書から、ファトレード運動の背後にある歴史と思想を知ることができる。

フランシスコ・ヴァンデルホフ氏はオランダ人の労働司祭で、経済学と神学の博士号を持つ。「5月革命世代」（*soixante-huitard*）であり、オランダの学生活動家だった彼は、オタワ大学で教鞭をとった経験を持つ。その後、炭鉱夫になるためにチリに赴き、結果的には、メキシコのオアハカ山地で、世界の中でも最も貧しく虐げられた人々であるコーヒー小農とともに暮らすようになる。

1980年代、グローバル経済のフリー・フォー・オールあるいは自由貿易の暗雲が立ち込める中で、彼が見出したアイデアは、単に抗議するだけでなく、何かを提案することだった。「フェアトレード」という提案は分かりやすさという点《シンプリシティ》でも素晴らしい——農民が協同組合を組織し、品質と社会的・環境的な責任を重視し、共同で自分たちの管理能力を高め、公正な価格をもって市場で直接取引をする。それ以前は、農民はコーヒーの運搬、調製、マーケティングをコヨーテと呼ばれる仲買人に依存することを余儀なくされていた。何と、買取価格は1パウンドあたり銅貨数枚だった。

もちろん、コヨーテを排除することは容易ではなかった。彼らは卓越した権力を持ち、警察や軍とも繋がっている。農民側は途方もない想像力と忍耐と勇気を必要としたが、初めて抱いた家族やコミュニティにとってのより善き生活へのかすかな望みのため、みずから生命の危険を冒し、実際に多くの犠牲者を出しながら、現状維持《ステータス・クォー》の打破に挑んだ。

アトランティック・カナダには、大恐慌の最中に、ヴァンデルホフ氏と同じ理由から人々を助け、彼らのための協同組合をつくるために、貧しい鉱夫や農民や漁師たちとともに働いたモーゼス・コアディ司祭（Moses M. Coady, 1882–1959）の英雄物語がある。

「あなたは何かを欲するには十分貧しくもあるが、同時に、何かを得るための十分な賢さも持っている」とコアディ司祭は貧しい人々を鼓舞した。アンティゴニシュ運動（訳注：Antigonish Movement, 1920～30年代に勃興した農民や労働者による協同組合運動・成人教育運動、アンティゴニシュはノバスコシア州の地名）とラテンアメリカの解放の神学の間には明白なつながりがあり、それが結果的にフェアトレードとして実を結んだ。これはアトランティック・カナダ人が誇るべき歴史である。

フランシスコ・ヴァンデルホフ氏は、フェアトレードはチャリティではなく、現行の経済システムに表面的な改革を行うものでもないと明確に主張する。彼は（目を輝かせながら）確固たる信念に基づいてこのマニフェストをまとめ上げたと言っている。彼は言う。「チャリティ——国際援助もこれに含めよう——とは、体制《システム》に与する側の人間が自分たちがやってきたことへの罪滅ぼしをするために発明された悪しき習慣だ」と。フェアトレードは生産者から消費者まで、交易チェーンにかかわるすべての参加者に尊厳を与えるような経済を追求する。またフェアトレードは、皆が北米のミドルクラスのようなライフスタイルを目指すことを意味しない。ヴァンデルホフ氏の持論は「世界にとっての問題は貧困でなく、強欲である」だ。住居、食料、健康、教育、自分の将来に対する責任などの基礎的ニーズさえあれば、質素でも尊厳を持って暮らすことができる、と彼は強く主張する。

ヴァンデルホフ氏は私たちに単純で直線的な喰うか喰われるかの競争――私たちに皆に備わっている人間性を否定し、私たちの地球を破壊する――の経験について再考を促す。私たちは、チャリティと環境保護という偽善行為の陰で、この破壊をいつまで隠し続けるのか。そんなことがいつまでも続くと信じるのか。

長年にわたるフランシスコ・ヴァンデルホフ氏の偉大な仕事とその背後にある思想をわかりやすく明瞭に書き下ろしてくれたことに謝意を表する。ジェイ・ハートリング氏が大いなる情熱を持って翻訳を引き受けてくれたことにも感謝したい（訳注：原書はフランス語）。精力的に編集とレイアウトをして下さったキャシー・デイ氏とパット・サーモン氏にも大いに感謝する。最後に、当初から励ましと支援をしてくれたパスカル・ジェルリッチ氏に謝意を表したい。

ノバスコシア州ウルフビル
JUST・US！ コーヒー焙煎協同組合
共同設立者　ジェフ・ムーア
ソーシャルワーク学修士、法学博士（Hon）、民法学博士（Hon）

第1章　経済危機に直面する貧困者

私は労働司祭(1)として、もう30年以上、南部メキシコのテワンテペック地峡(訳注：スペイン語でIstmo de Tehuantepec, メキシコ南部にある地峡。太平洋側はオアハカ州と一部はチアパス州、大西洋側はベラクルス州に属する）北部の山岳地帯で、サポテコ民族、ミヘ民族、チャティーノ民族、チョンタル民族らの人々と一緒に、身を粉にして働いてきた。同僚であり友人でもある農民＝カンペシーノ(2)らと同様に、私自身、日々十分に食べていけるだけの収入はない。コーヒー、トウモロコシ、豆類、果物を生産する農民たちと一緒に働きながら、私は、この人たちが不変的な構造的危機という様相の中で生きていることに気づいた。彼らの稼ぎは、かろうじて1日2ドルに届くか届かないかという程度である。

今日のグローバル経済危機はどのように先住民の人々の生活に影響を及ぼしているのかについて、多くの人から質問される。私は、実際には危機の様相は山岳地域で暮らす人々の規範の問題として現れる、と答える義務があると思う。彼らは自分たちの精神《スピリット》が破壊されることをよしとしなかったにもかかわらず、こうした状況の中で、何世紀もの間生きてきた、というよりも生き延び《サヴァイヴ》てきたのである。いつも彼らは危機を打開し、乗り越えていくための新しいやり方を探し続けている。農民の生きる道は先祖伝来の知恵――それは、生きることへの愛、抵抗、そして決して消えることのない希望によって構成されている――によって導かれている。だが、現実に存在する排除や彼らが被っている搾取と辱めは絶望をもたらす訳ではない。むしろ、尊厳に満ちた人生や解決の糸口への希望に導くものなのだ。それは闘争や革命の誓いではなく、人間が持つ薄弱なモラリティとはまったく関係がないポジティブで創造的な考えである。先住民の人々にとって、連帯《ソリダリティ》こそが人間の社会的存在を表現する言葉である。それは単に個人の集合という意味ではない。

先住民の人々は、純粋で合理的な科学というものに、さほど期待をしていない。私は非現実的なことを述べているのではない。辺境の地での生活は大変な困難を伴うものである。私は博士号をいくつも持っているが、新たな方向性を探求するために、そして、抵抗と同時に提案をするために、むしろ農民の常識や経験から極めて多くのことを学んだ。物事の最初と最後において（訳注：生産（者）と消費（者）、物流の川上と川下の比喩）、人間およびすべての生けとし生きるものが主役になる時がきたのだ。このマニフェストの目的は、人生の破滅や死への道に抵抗するすべての人々に希望を提供することである。私は、集団的かつ共同体的な社会空間を回復するため、先住民小農たちが先祖代々の実践に基づいた思考と分析のための空間を創造していくことを強く支持するようになった。私は、今までとは別のやり方で社会を組織化することは実現可能だと信じている。なぜならば、資本主義というものは、不正義、不平等、排除のための合法的かつ規律的な組織以外の何物でもなく、既存の「民主主義」というものはフィクションに過ぎないからである。それらは、特定かつ個人的な関心事のために発明されたものに過ぎない。そこでは、そのような特定の関心事のための手段を会得した者だけが生き延びることができるのであって、大多数の弱者は生き延びることはできない。

何年か前に、社会的連帯経済《ソーシャル・ソリダリティ・エコノミー》という考えが誕生したのは、先住民族の農民たちによる生存のための本質的な能力からだったのである（訳注：社会的連帯経済とは、市場原理や功利よりも人と人との繋がり・互恵性・相互扶助を重視する経済。繋がりには、平等・公正・環境など一定の価値の共有に基づくものと、村落共同体や市民社会などにおける「共同性」に根差すもの、および、その複合がある。慈善、同情に基づく一方的な繋がりではない）。社会的連帯経済にとっての市場《マーケット》とは、農民が搾取のない生産から利益を得ることができ、環境の改善に参加でき、家族にとっての生活条件を向上することができ、そして最も重要なこととして、自分たちの手で生産協同組合を組織することができ、それによって、活動と手段と便益が一体化するところなのである。有機農業の再活発化（訳注：当たり前だが、昔はすべてが有機だった）は、このような世界観および自分たち自身の貸付信用組合の設立とネットワークづくりをすることに裏打ちされたものだ。

オルタナティブな経済とは、単に既存の世界市場システムの中に社会的な次元を取り入れたものではない。何よりも、それはまったく異なる光景なのだ。まず互いに違いを認めながら、経済と市場が有する暴力的な性質をコントロールするルールをつくることを条件として、この地球上で生き延びる私たち自身に関する経済なのである。これらは、先住民のコミュニティがそうあり続けることを後押しするために必要不可欠な拠り所なのである。こうした理由から、私たちは、自分たちのプロジェクトを遂行するために海外からの財政援助を受けたことはない。その代わりに、自分たちの手持ち資金、強み、時間、労力、汗に頼ったのである。同様に私たちは、すべてのチャリティ、特に上から――裕福な人たちから――くるチャリティはお断りしてきた。世界の中の貧困で可哀想な人々を支援する一方で、チャリティと

写真1　フランツ・ヴァンデルホフ。JUST US！ コーヒー焙煎協同組合内にあるUCIRIの画家ラウル・グズマン・エンリケスによる壮大な壁画「血の搾取なき貿易（*Comercio sin Sangre de Explotación*）」の前で。

いうものは薬品と同じで、被援助者を征服した後は暴力や排除として作用してしまうのだ。

　私は奇跡を信じないし、将来の展望すらあまり信じない。それが私たちが、改善、自給、食料安全保障、先祖から頂いた大地に対する尊敬を伴う責任など、自分たちが進むべき道筋を創造してきた理由だ。このことが、私たちが効率的な社会的企業を創造し、農産物に対する付加価値を生み出し、地域内で販売し、自分たちが消費しない余剰分だけを消費者と生産者がお互いに合意した最低価格で輸出することを可能にしたのである。この価格は、産品の品質と社会的プレミアム（訳注：フェアトレード・プレミアム、割増金のこと）に基づいており、プレミアムは既存の市場価格よりも高い価格を可能にしてくれる。これにより、私たちの風習、文化、社会的生活のあり方を維持していくことが可能になる。さらに西洋的な個人主義の脅威に私たちが抵抗することを可能にしてくれる。
　この冒険の始まりの地であるメキシコの先住民コミュニティを超えて、フェアトレードはグローバルな次元に発展した。これは当初、誰も予想していなかったことだ。メキシコを含む56もの南の国々（途上国）において、ウルトラ自由主義の経済とは異なった経済に基づくフェアトレード市場が成立し、それが機能している。百万以上の生産者がフェアトレードから恩恵を受けている。22の北に属する国々（先進国）において、フェアトレードから生み出された組織がこれら生産者たちの商品を流通させている。これは、排除をつくり出さない希有な経済システムの1つである。また貧困者が、排除された者という地位から、彼らが貶《おとし》められることがない経済の主役へと移行することを可能にするものである。

写真２　オアハカ山地の高所にあるブエナ・ビスタのヴァンデルホフの小さな農園にて。JUST US！からの来訪者にコーヒーの木について説明している。

　この経験から私は1つの確信を得た。私たちはグローバルな規模で支配的なシステムを変えることが

写真3　2005年，フェアトレード博物館の開館に際してのフェアトレードの将来に関するパネル・ディスカッションにて。(左から) キャロリン・ホィットビィ (フェアトレード・カナダ)，ジョナサン・ローゼンタル (イコール・エクスチェンジ共同設立者，ボストン)，ブライアン・オニール (オックスファム・カナダ)，ヴァンデルホフ，イサベレ・セント・ジャーマインとノーマンド・ロイ (イクイテーレ共同設立者，モントリオール)。

できるのだ。より重要なことは，私たちが過去4年間のうちに知ることとなった危機は、早急に変えなくてはならないということだ。変化はどのように起きるのか？　私にはわからない。だが、変化は起きるのである。現在の体制《システム》から見捨てられ、不利な状況におかれた人々たちによって、下からのプレッシャーが形成されつつある。彼らは変化を望み、しかも今すぐ変化を必要としている。これは歴史学的な判断である。資本主義は人間にとって本来的なものではない。事実、資本主義は人類史上わずか200年しか存在していないし、資本主義に内在される矛盾が不可避的な転回の芽を宿していることは疑いの余地がない。

フェアトレードは資本主義の矛盾を克服するための手段の1つである。フェアトレードは資本主義に対してある種のカタリストあるいは規制者《レギュレーター》の役割を演じる。おそらくは啓蒙的エリートによって上から課せられるであろう、ほかの解決方法をあてにしてはならない。答えはすでにある。答えは人間の中に備わっているのである。人々が本来的に有する抵抗、団結・組織化、闘争する能力の中に。最も貧しい人々は何かを乞うことはしない。彼らは内側からひび割れ、朽ちつつある資本主義というものに対する自分たちの解決法を知っている。日々の日常を説得力を持って支配しているグローバル化された世界というものは神話に過ぎない。私たちの多様な世界を分断するために、欧米諸国によって、あちこちに建てられた新たな壁はこうした嘘の証である（訳注：「壁」とは先進国がつくる自分たちに都合のよいルールや政策のこと）。私は、しっかりと団結し組織化された人々が、こうした壁やバリアを取り除くことができると固く信じている。私たちは、今も将来も、地上にパラダイスを築くことはできない。しかし、闇の中で搾取されることよりもましなことを行い、素晴らしいことを想像することのほうが、余程良いではないか。

【注】

（1）カトリックの司祭でありつつも、教会からの給料に依存せず、専業またはパートタイムで世俗的、非宗教的な雇用に預かり労働する。

（2）Campesino：スペイン語でカンペシーノは小規模な小作農民や家族経営農家のこと。ラテンアメリカで使われている言葉（訳注：この言葉は食料主催を提唱する農民の国際組織の名称（La Via Campesina）にも用いられる等、近年ではラテンアメリカを超え、全世界で語られるキーワードになりつつある。ヴァンデルホフはfarmerやpeasantではなく、基本的にすべてカンペシーノという言葉を用いているが、本書では初学者を考慮してあえて農民または農家と訳した）。

写真4　オアハカにあるヴァンデルホフのワンルームの事務所にて。彼の必要品はシンプルだが，今では，インターネットが必要物に加わった。インターネットは彼とUCIRI組合を世界に繋げる。

第2章 危機が持続する構造

1 恐るべき資本主義

グローバルな危機に関して、私たちが聞いていないこと、読んでいないこと、書かれていないこととは何だろう。最も著名な経済学者、歴史学者、評論家、もちろん政治家たちが語る言葉はグローバリゼーションのハードな側面を重視してきた。続いて、不幸にも、9・11同時多発テロが加速化されたグローバリゼーションの到来を約束したのである。しかし、これは多様な文化が死に至る最後の段階といえる。金融危機は西洋型の経済モデルに内在される不安定性、何よりも、陳腐な新自由主義《ネオリベラリズム》の不安定性を露呈させた。これらのことが証拠なのだ。私たちが別の道を歩むべきなのは明白である。だが、どの道を行けばよいのだろう？具体的な選択肢を示してくれる意見はほとんど見当たらない。

私たちは次の言説を意識してみる必要がある。持続的な成長は無限のプロセスであり、世界経済は現在の私たちが向かいつつあるユートピアに向けて加速しているという言説だ。危機はすでにそこにある。それは、二重の意味での無能性と不正義という土壌で養われる激しい欲情の種まきである。だが危機とは、単に金融危機や市場危機あるいは富の不公正な配分がもたらした結末を意味するのではない。危機とは、制御不能な自由経済に対する技術的な調整をはるかに超えたものである。犠牲者——地球全体の人口の過半数を占める人々——に対する同情が高まる一方で、より根本的な解決策を見出すための手掛かりを提供するような明確な意見は存在しない。莫大な資本投入（先進国の市民のお金である！）や、あらゆる種類のその場しのぎの対策は、不十分であるということだけでなく、はっきりいえば、それらはシステムが抱える病理を治癒することはできないのである。この危機は、私たちに新しい問いを立てることを要求する。それは、私たちは慣れ親しんだ原理や法則を忘れることが必要なのではないか、という問いである。私たちは深遠かつ必要な探求を引き受ける義務を負っているのだ。私たちは確かに困難な時代に生きている。だが、そこには興奮や期待もあるはずだ。イタリアの思想家グラムシ（Antonio Gramsci, 1891-1937）が言うように、「危機とはまさに古いものが滅びつつあることであり、それにより、新しいものが生まれる…」のだ。

実際、近代《モダニティ》における生きづらさの根本的な要因として、個人主義、合理性概念の過度の強調、あるいは、その排他的な用法、そして、私欲に取り憑かれた企業群の存在が、明白になりつつある。本質的に、そしていつの時代でも、人々《ピープル》は社会的かつ政治的な存在であり続けてきた。社会のニーズ（という問い）への意味のある回答になるかもしれない（近代に対する）本質的な反論の中で、私が支持するのは、共同体《コミュニタリアン》リベラリズムあるいはリベラル・コミュニタリアニズム、真の連帯経済だけである。この視点は、私たちが向かうべき方向性の理解にとって本質的に必要なことである。私は希望を信じ、別の世界、もう1つの世界は可能だと固く信じる者である。しかし、私たちが提案する新しい展望の前には、率先してグローバリゼーションを取り込み、現状をつくり変えねばならないというお馴染みの神話、経済的政治的な嘘がたくさん立ちはだかっている。私たちの手（＝やり方）を砂の中に埋めて隠してしまうような政策を正当化することはできない。それ自身が自己目的化したメカニカルな合理性というものは、私たちの手を砂の中から取り出す役には立たないのである。私は、唯一の選択肢としてのこうした（新）自由主義的思考を止めることを宣言することは、良いことだと考えている。国連総会の元議長のミゲル・デスコトは、最近次のように述べている。

「ウォール街の暴落は、自由貿易の擁護者らにとっては、ベルリンの壁の崩壊が共産主義にとって意味することと同じである」。ジョセフ・スティグリッツ（訳注：2001ノーベル経済学賞、著書には『フェアトレード――格差を生まない経済システム』（日本経済新聞社、2007年）も含まれる）の次の言葉がこれに続く。「人類と世界全体にとって何がベターなのかを予見するためのアイデアや夢のグローバルな格闘が今回の危機の遺産となるであろう」。この危機に対して、私たちが最初にすべき挑戦は、いかにそれを回復させるかではない。むしろ、深く問い直し、私たちの伝統的なやり方での物事の見方を再評価することである。過去数年の間、すべての批判、そして、地球にとっての諸悪の根源は銀行に帰せられるというようなことがいわれてきた。現実は、銀行はより広範な審問を避けるための体制《システム》によって、都合の良いようにスケープゴートとして利用されてきたに過ぎない。銀行はしなければならないこと――よりたくさんのお金を稼ぐ――をしただけだった。これは強欲であるばかりか、資本主義信仰による治世、とりわけ、生き残りのための成長信仰への服従でもある。銀行と企業への権力の集中は本当に危険なものだ。銀行と企業は、必要以上に深く関連し相互に織り込まれている。1つの崩壊がその他の崩壊を引き起こすことを、私たちは見てきた。

危機は当初、不動産と住宅の分野で露呈された。小さな銀行はリスクをより大きな銀行に転売し、この連鎖がメリルリンチ、ＡＩＧ、リーマンブラザーズに到達するまでそれは続いた。しかし、住宅購入者が支払いをできないことに体制《システム》が気付いた時点ですでに手遅れだった訳で、予想可能だったにもかかわらず、全体の構造は崩壊したのだった。彼らはこれが起きることを知っていた。住宅への最高価格を設けたり、最高負債額を認めるような法律を導入すれば事は足りたのである。この分野では、ほかの分野と同様に、価格をコントロールする仕組みが存在しないことが問題なのだ。誰も需要と供給を規制しない。投機に対する欲情だけがあるのだ。何のコントロールもないことが自由市場の問題ではないか。

政府が金権政治的(1)なものである以上、政府の関心は大企業の関心と一体となるのは道理である。だから政府は何もしないのである。コントロールを逃れ、短期的利益の最大化に資する専制的なルールでない限り、いかなるルールも尊重しない多くの銀行は破綻し倒産した。しかし、銀行はリスクを最小化し、例えば、別の負債をカバーするための債務への支払いのローンを利用する借り主を回避するために、みずからを再編しなくてはならない。返済不能に陥った大量の借り主たちが発生すれば、最終的に破綻することを銀行は知っている。

では、なぜ同様のルールが、貸付金《ローン》を求める農民《カンペシーノ》や信用額に制限が設けられている賃金労働者たちには適用されないのだろうか。今回の危機の最もシビアな話として、多額の資金を失ったアメリカの大手銀行は、政府からのあらゆるコントロールと干渉を避けるため、2009年に、バラク・オバマ政権が用意した7千億ドルのうちのかなりの部分を用いた資金補填を受けているのである。オバマ大統領が意図した国庫補助制度《パブリック・ファイナンシング》の代わりとしての法的措置から、大手銀行は逃れることに成功した。大統領は正しかった。だが、結局のところ税金が投入されたのである。危機が最も深刻だった頃、ゴールドマン・サックス銀行の頭取は「私の責任は自分の会社に対してのみであり、市民一般に責任を負うものではない」と宣言した。しかしながら、彼は、彼自身市民として、そしてこのシステムのアクターとして、責任を有するのである。ちょうど同じ頃、アメリカ政府は公債を準備していた。それにより借り越し金が蓄積し、国民は今支払いを余儀なくされている。国家が銀行を国営化し、小売銀行業務と投資銀行業務の分離を強制しない限り、これまで、このような事態は世界中のどこでも発生したことはなかった。

今回の危機によって明らかになったことは、どのようなシステムであっても、システムが勝利するということであり、政府は資本主義の失敗を避けようとする努力を継続するということだ。政府というものは、どんなにコストを払ってでも、既存の体制《システム》を救済するためにセーフガードを提供するものだということが露呈された。その意味で今回の危機は啓示的だった。なぜなら、政府はシステムの崩壊を恐れるからである。もしアメリカ政府が600億ドルもの資金をメリルリンチに投入しなかったら、現在メリルリンチは存在していないだろうし、それに連動して銀行システム全体がなくなっていたかもしれない。経済の政策決定に携わる人間は、このような措置が、いわゆるバンド・エイド的な解決方法に過ぎず、結局のところ、何1つ体制《システム》を矯正するものではないということを、実は政策決定者たちは誰よりもよく知っているのだ（訳注：Band-Aid、エチオピア飢餓救済のためのボブ・ゲルドフ、ボーノ（U2）らイギリスとアイルランドのロックスターによる1982年のプロジェクト。チャリティ曲「ドゥ・ゼイ・ノウ・イッツ・クリスマス」が有名、アメリカ版の同様のプロジェクトにライオネル・リッチー、マイケル・ジャクソンらによるUSAフォーアフリカ（曲名「ウィー・アー・ザ・ワールド」）がある）。その一方で、国庫が空っぽなので、もし新たな動揺が間をおかず起こったとすれば、政府はどうすることもできないだろう。この野蛮で野放しな資本主義によって引き起こされたダメージは計り知れない。それは、いかなる療法も効かず、組織体に何らかの電気ショックを与えない限り、どうすることもできないある種の癌細胞のようなものだ。

資本主義下では、誰も責任を取らず、誰も罪に問われない。そこには市民的責任の怠慢がある。結局のところ、資本主義においては、すべてのことに対して、答えを持っているのは常に市場なのだ。市場の理論は次のような考えを内包する。神の見えざる手がすべてを解決し、市場におけるアクターは責任を放棄する。これらはすべて、科学に基づくものではなく、信仰なのである。それは神の摂理に対する信仰と同じである。この金言は神聖なものを冒涜するものだという疑義あるいは批判がある。フロイトやケインズが「死への願望」と言った意味において、市場は排除、暴力、憎悪、死への道を開くのだ。

2 資本主義の神が犯した失敗

ベルリンの壁の崩壊——非常に象徴的だが現実の出来事——以来、グローバルな精神《サイコ・》／政治的《ポリティカル》状況は、次のような定式にまとめることができるだろう。人類はすべての知性、すべての批判的な感性を放棄し、宗教を最重要視するようになった。市場を盲目的に崇拝するその宗教が広く布教されてしまったのは最悪なことである。しかし、私たちはその教条主義に対して人間的《ヒューメイン》な代案を提案することができるし、そうすべきである。現下の資本主義は、事実上、宗教による心神喪失――自由市場あるいは市場預言者《マーケット・プロフェット》による心神喪失――のようなものだ。資本主義は独自の世俗的表現法を生み出したが、資本主義それ自体がモラルの地平と純粋な意味での永遠性《エターニティ》を喪失してしまったのである。このことは、全人類にとってとてつもなく大きな災難であった。富や権力というものは、その堕落した神がかぶっている荊《いばら》の冠の刺の先に張り付いているようなものだ。政治的言説、プロパガンダ、メディアがこうした事柄を増幅させる。

宗教一般に対するさまざまな逆風にもかかわらず、資本主義という宗教はご利益の全体集合としての活力を保持し続けてきた。それは独自の摂理と先験性を持ち、切迫した現下のものでありつつ、ぼんやりとした何かで、私たちの想像力をはるか超越していながらも、同時に、私たち皆の頭脳や知力の中に確実に存在しているものである。このシステムの邪悪性は、個々人の利己的関心が自然と予定調和されていき、自発的な自己規制という形で、全体としての一般的関心へと導かれるという確信に基づいていることである。だが、このような想像上の神の摂理など存在しない一方で、稀少資源の分配・割当という問題が惹起される。にもかかわらず、ほとんど何者にも束縛されず、ほんのわずかの法律にだけ従えばよいだけの市場システムが、資本主義の真の神学者アダム・スミスによって有名になった「神の見えざる手（invisible hand）」によって管理されている、と多くの人々が信じ続けている。

「レッセ・フェール、レッセ・アレイ(2)」、自由貿易、「制限なし」といった資本主義のお馴染みのお題目は途方もない災難に至らしめる。残念なことに、私たちはこの災難をごく最近目撃してしまった。私たちはしっかりとは認識していないが、自由主義は暗く非情な側面を持っている。それは人間同士の関係性に基づく規制原理に則ったものではなく、利潤と権力によってのみ誘導される異教徒的な摂理への尋常でない信仰に基づいている。資本主義の神への盲目的信仰が資本主義の本当の有り様としてのリアリティを見ることを妨げるあたかも本当の神のように。私には、それが存在することを科学的に証明することはできない。アインシュタインは「おそらく、われわれの理解は宇宙の機能のたった一％に過ぎず、われわれは巨大なシステムの中にあるほんの小さな惑星に過ぎない」と言っている。では、システムが総体としてそれ自体をいかにして維持しているかについて、どのように理解できるだろうか。それが資本主義を維持させている信仰なのだ。

ハイエクやフリードマンは、新自由主義を正当化する自分たちの議論が完全に科学的なものではないことを十二分に承知していた。彼らはさまざまな機会に「われわれは、体制《システム》が機能するために、その体制を信じなくてはならない！　なぜわれわれは、他の何よりもこの体制を信じるのかって？　それに替わるものはあるのかい？」と言っていた。とんでもない話だ。これが、私がこの危機を「神からの贈り物」と名付けた理由だ。

私たちはやっと目を見開き、確信のなさの元凶ともいうべき無関心であることをやめ、自分たちの中にある叡智、すなわち本当の科学を向上させるよう人々を説得することができるようになった。自由な市場の摂理というものは、純粋な作り事である。それは、排除された者、貧困層、農民、物乞いのような人々が、「貧困との闘い」（訳注：トップダウン的な上からの開発介入のこと、それは時には構造的暴力さえ引き起こす）を正当化する危険な言説によって特徴づけられた進歩への希望を信じることを可能にさせた。「ぐっすりおやすみ、あなた方のお腹が空っぽだとしても、市場とその成長があなた方の未来を保証してくれるはず…」。ハイエクやフリードマンは、そう言うに違いない。もし、これがほかのさまざまな宗教に往々にしてみられる天国《パラダイス》の約束と同じようなものではないとしたら、それは一体何なのだろうか。本当のところ、自由主義は、その権力と全知全能性――あたかもそれすべてを可能にし、すべてを司るかのごとく――を伴い、新しい神として出現したものなのだ。そして、私たちは新しいタイプの神話に直面する。この新しい神が問題なのは、神聖な約束、すなわち神との約束を果たすには、ほど遠い「神」だということである。

3　貧困は天罰ではない

ベルリンの壁の崩壊に象徴される1989年の出来事以来、社会的文化的な混沌がこの惑星の表面を覆っている。ビジネスの世界がどれくらいのスピードでどの方向に向かって私たちを導いていくのか、誰にもはっきりとはわからない。ビジネスの世界は私たちの凡庸な歩みの道案内をする。利己主義者たちと彼らが流布する幻覚によって権力が強奪されてしまった。そして現実政治では、イデオロギーと経済の両次元における半永久的な嘘へ転嫁された「ごまかし」が勝利をおさめた。ナルシズムの文化は良いものだと考えられる。同様に、そこには、世界全体の永続的な進歩という考えを擁護し続けるモダンなドラマが存在する。それは、人々の「下から」のリアリティに対する奇妙なコントラストとして、ビジネス界や政治的リーダーたちの「上から」のメッセージを忠実に反映する。モダンな資本主義への信仰は、私たち、そしてNGOを含む既存のさまざまな開発援助機関の頭の中に、深く潜入している。進歩と経済発展という大仰なアイデアは、貧困者や環境に対する冒涜といえる。グローバリゼーションは、その手先である多国籍企業という姿をした千一の頭を持った化け物たち（訳注：one-thousand-and-one headed monsters,『千一夜物語』の暗喩的表現と思われる）を伴って、われわれが「世界の問題を解決していく」と私たちに断言するのだ。貧困とは何か。彼らは報道機関に出資したり、きれいなパンフレットを刷ったりして、貧困の根絶を約束する。彼らは国連のような国際機関をサポートすることによって、貧困をミレニアム開発目標のプライオリティ事項に仕立てる。かくして彼らは貧困者たちのリアリティを嘲笑するのである。

コーヒー生産に従事する小さなコミュニティの住人や労働者や私のような人間に関する限り、私が保持する4つの博士号は私が肉体労働者であることから解放してはくれない。小規模生産者の傍らをともに歩むことは、煩《わずら》わしく、きつく、苦痛に満ちたことである。だが、それは人生、自由、幸福のためのレッスンでもある。なぜならば、農民が求めていることは、金持ちになることではなく、むしろ尊厳とともに生きることであり、何よりもみじめさから免《まぬが》れることである。彼らにとって、貧困とは天罰ではない（訳注：かつて、テワンテペック地峡のコーヒー農民は貧困は神が下した天罰と考えていた）。これは、私が暮らし働く山間部のコーヒー農民たちが、30年以上にわたって、私に教え続けてくれたことである。彼らの視野を混乱の壁で塞いでしまうのではなく、希望のビジョンを提供することが大事だ。時には（彼ら自身）理解することが難しいこともあるだろうが、日々食べていくための彼らの奮闘や生き残りのための闘争が新しい展望を拓くのだ。

それにもかかわらず、世界における支配的オピニオンは、われわれは貧困と闘わねばならないという。なぜなら、テロの温床になり得るという意味において、貧困は潜在的に危険なものだからだ。貧困層がほんとんど何も消費しないに等しい存在で、彼らが豊かな国々の成長に貢献しないという点を除けば、である。第三世界に供与される開発援助の大半は産業化された先進国からのものであり、このような危惧あるいは関心に基づくものであり、それらはしばしば無意識的なものであることがさらに深刻である。「貧困との闘い」

写真5　有機コーヒー栽培は予測がつかないきつい仕事だが，やりがいのある楽しい仕事でもある。UCIRI組合員のエナン・エドアルド・ロペスと娘のターニャがコーヒーの実を袋に入れている。

という大仰で戦闘的な表現は、第一義的に、貧困者に対する怖れに基づいている。例えば最近、私は、某国政府の開発援助政策についてまとめた文書を手にしたが、そこには次のことが明確に記されていた。「我が国が供与する開発援助は、社会情勢がもっとも不安定だと考えられる国々に集中すべきである…」。これは、別の言葉でいえば革命という意味だ。恐ろしいことである。

だが、資本主義システムそれ自体が、貧困とみじめさをつくり育成してきたのである。貧困やみじめさは、天から降ってきたのではない。私たちが忘れがちなことは、資本主義は植民地主義を伴って誕生したという事実であり、植民地なしでそれは不可能だったということである。資本主義は南の国々から押収する金持ちの国々によって養われているのである。それが貧困が現れた理由だ。アメリカ、アフリカ、アジアの「発見」によって、探検家や植民者たちはそこに賦存するあるゆる富=資源についての棚卸を行い、それによって、後にその富を大地とそこに住む人々から取り去り、北の国々へと輸出することが可能になった。これを進める過程で、その土地固有の形態による統治のあり方と文化全体を破壊してしまった。これによって人々は、近年に至るまで、そのまま統治不能状態に陥ってしまったのである。軍事政権か腐敗した政権の統治を除けば、である。

搾取される人々の道義心の表明の最初の例として、有名な茶会事件を発端にボストンで始まったアメリカ独立革命があげられる。イギリスはインドから運ばれてくるすべての茶を独占していた。茶は新大陸においても主要な飲料であった。増税と入植者の酷使によって高まった不満から、アメリカ居住者たちは反乱を起し、すべての積み荷を海に投げ捨てた。それは、アメリカの人々がイギリスの支配者に対して初めて、自分たちはあなた方の奴隷にはなりたくない、という反応を示した出来事であった。それは近代における最初の革命となったのである。後にアメリカ人はアフリカ人に対して新たな奴隷制を強要し歴史は繰り返されたが、このアメリカ独立革命のエピソードは、資本主義の始まりが暴力によって成り立っていたという意味において啓示的である。

違う。貧困は天から降ってきたものではない。貧困を生産しているのは新自由主義的な資本主義であり、それを望んでいる社会なのだ。富裕国への境界なき富の蓄積が貧困をつくり出した。このことについては統計的な相関がある。地球上にある資源や資産は有限である。だから、誰かが自分のポケットに何かを入れるということは、ほかの誰かのポケットが空になることを意味する。私は利潤を求めることは否定していない。ただ、その分業と再配分のあり方に対して何らかのコントロールが必要なのだ。問題なのは、利潤の「民主化」と再分配である。例えば、雇用主が彼の下で働く一番低賃金の従業員や労働者よりも200倍以上もの収入を得ることを防止するような規制が必要だと思う。民主的な国家が税収再分配のためのより公正な規則を設ける日を夢見ている。一定額を社会プログラムへ、いくらかを投資へ、一定額を環境へ、一定額を労働者へ、一定額を株主へ、というように。その日がくるまで、株主だけが決定権を持ちすべてを持っていってしまう。このやり方が行き着く先を私たちは知っている。そう、私たちはリスクに報いなければならない。だが、20パーセントまでだ。資本のリスクテイクへの支払いは3～5パーセントで十分ではないか。それは平均的な銀行の預金口座《セイビングス・アカウント》の利益率と均衡するだろう。なぜ、資本はそんなに高率の収益率を必要とするのか。

資本主義は特異な思潮をつくり出す。資本主義の中でのすべてのアクターは相互に密に関連しており、アクターたちの従者のすべては、従属という風呂桶にどっぷりと浸かっている。この文脈において、フェアトレードの目的は、道義心を涵養するための道具あるいは媒介物として役割を果たすことである。フェアトレードは体制《システム》から信仰を取り除き、それを露出させる。フェアトレードは、すべての人々がリアリティに気づくまでの間、貧困者たちを助け続ける。たくさんの人々が尊厳と正義を、貧困者のぎりぎりの生存さえも踏みにじっている。

しかし少しずつ、人々は、貧困層が自然と発生したのではないことに気づき始めている。システムが貧困層をつくり出し隔離させ、よくわからない存在《ミステリー》へと封じ込めてきたのである。今、現時点でも、私たちは貧困を生産し続けている。解決法を探し、すぐに講じなくてはならない。そして、私たち自身を別の市場に委ねなくてはならない。なぜなら、私たちは現代資本主義の失敗を疑っているからだ。それは、とりわけ排除された者の視点から見れば、途方もない失敗なのである。しかしながら、この危機の中で、私たちは注意深くならねばならない。フェアトレードは、支配的な体制《システム》から注意深く距離をとらなくてはならない。さもなければ、フェアトレードは支配的な体制の中に閉じ込められてしまう。

4　皆が責任を持つ

この危機の原因とその分析が私たちにいくつかの改善案を教えてくれた、と考える人もいるだろう。残念ながら何の解決策も示されてこなかったし、この危機から推定される教訓など何もないことがわかってきた。現実は真逆である。全世界で改善策は失敗したにもかかわらず、体制《システム》を支えてきたアイデアとイデオロギーは全力で抵抗をしている。この危機から逃れるため、最小限の政府の関与という自身の教理に反するにもかかわらず、彼らは国家と公共の財政に頼ることとなった。この過程で、プライベートな負債は公的な負債に転換された。利益は私的に占有し、損失は社会化するというアイデアが強化された。そこでは、社会システムとしての市場と資本主義についての彼らの信条が奇妙な形で主張されている。もはや、これは資本主義ではなく山賊行為である。加えて、新自由主義を生み出す原理を擁護する者たちは、財政的な重荷を降ろし、それを今回の危機にはまったく関わりがなかった庶民全般の肩に押し付けたのである。

最悪なことは、自由主義が、複合的形態での奴隷制ではなく個人の自由という概念の惹起、技術的進歩の発生、これまでに類を見ない新しい財・サービスの生産といったポジティブな結果を達成するという幻想をばら撒き続けていることだ。しかし、そこには、これらの努力の成果の不十分な分配、そのことから得られる財と富という未解決の大きな問題がある。

一方には、現下の危機がフェアトレードの強みに光を当てたという面がある。他方では、自由経済のゴールとして、経済的権力のみならず、自由経済的なモノの見方やそれに基づく人生観、社会的な事柄を個人レベルの事柄に託してしまうことなどを押し付けるイデオロギーの力、あらゆることがグローバル化されることが明かされた。私はグローバリゼーションに反対はしていない。フェアトレードをグローバル化することを望んでいる。しかし、上からの主張に基づくモデルに対してはたくさんの留保条件がある。真に問うべきことは、グローバリゼーションが何を意味するのかということである。というのは、現実には、その影響は経済面にとどまらないからだ。経済面以外にも、例えば西洋型の民主主義モデルや個人主義に立脚した文化を世界中に普及させるといったヘゲモニー的な目的があるはずだ。これは、あらゆる事柄・事象の画一化に帰結するだろう。突如、私たちは皆全員、それぞれの行先がどこかを問うことなく、同じ列車に乗ることになる。だが同時に、それへの抵抗も存在する。すべての事象のあらゆる局面にみられるグローバリゼーションは市場の妄想である。しかし、グローバリゼーションは文化の個有性と相違《ディファレンス》を攻撃し、多様性を破壊し、グローバリゼーションの単一化されたモデルに帰結する。だから、私は脱グローバリゼーションを提案する。これは反グローバリゼーションを意味するものではなく、連帯および社会的組織のグローバリゼーションを意味するのである。

　このグローバリゼーションの中では、貧困者と排除されてきた者たちは、彼ら自身が自分たちの固有性や多様性を敬い、それらに価値を見出せるようなモデルを選ぶかもしれない。そのような人々から学ぶべきだと私は信じる。多様性の輸出は画一化されたモデルの輸入よりも良いことだとも信じている。これが、私が尊厳ある貧困の経済と呼んでいるものである。フェアトレードはエコロジカルなシステムであり、尊厳ある貧困の経済は成長ドグマの中にあるはずの社会的、環境的コストを考慮する。今回の危機にもかかわらず、際限なき永続的な開発は可能であるという信条が受け入れられ続けている。しかし、この信条には科学的な裏付けがない。私たちは、あらゆる成長が他者や地球に対する害悪を伴うことを知っている。先進国はあらゆるものをおそらく過剰なほどに手に入れたのに、さらなる開発を欲している。人々は肥満化し、どんどん飽きっぽくなり、今では月旅行すら欲しがるようになった。一方で、地球上の残りの80パーセントの人々は、尊厳に満ちた生存、ただそれだけを望むのである。この生存は比較的コストがかからない。さらに良くないことは、今日、北の国々が引き起こした地球温暖化の影響を南の国々も被り始めていることに、私たちも気がついたことだ。根本的には気候変動の責任は先進国側にある。先進国こそが、天然の埋蔵物、資源、環境の保護をしていかねばならないはずだ。近所の家に、ああだこうだと文句を言う前に、自分の家の裏庭ぐらいきれいにしておけ、という話だ。先進国が途上国に対して、インフラ整備はするな、それは汚染を引き起こす、などという資格はない。欧米諸国が過去にやってきた開発とおなじことを中国がすることを、なぜ先進国は止めたいと願うのか。植民地支配の権力が何世紀にもわたり、地球を汚染してきたではないか。新興国が先進国と同じようなことをやろうとすることを、何を根拠に制止することができようか。中国とインドが欧米と同じやり方で開発を進めているのは明らかである。地球は潰れてしまうかもしれない。だが、それは彼ら次第である。新興国牽制論者にとって最悪なのは、すべての立場（訳注：新興国側、先進国側の両方、およびそれ以外を含む）の主張とは正反対に、中国が環境の重要性を理解していることだ。直近の中央政府の計画の最重要項目は環境に関することであった。ある程度の範囲までは、中国も自分たちの動きの中で何をしなければならないのかを知っている。しかしその一方で、中国は地球に対して取り返しがつかない行動もとっている。

この危機にもかかわらず、先進国側は問題を解決することに消極的である。それはさておき、自分の過ちを認めたアル・ゴアだけでなく、全員に責任があるのだ。私たちは環境問題を大いに考慮すべきだが、同時に排除や搾取の問題についても解決を迫られている。汚染に加担した者はそれに対する支払いをしなくてはならない。化学物質の生産者や汚染者は課税されなければならない。これが非現実的であることは承知している。だが、それでもすべきことなのだ。

5　幸福とは何か？

尊厳ある貧困とは、土地に対する権利、仕事、家族を扶養し維持するための公正な報酬、すなわち、しっかりとした家、保健医療や教育へのアクセスなど社会インフラなど、生活に必要な基礎的な事柄が保証された状態をさす。国家はこれらのことを国民に提供しなくてはならない。貧困者が生きていく上での民主的な条件をつくるため、究極的には人間的な生存への希望を持てるようにするため、国家は彼らに対して保証となるものを提供しなくてはならない。この議論の核心は、社会の幸福についての新しい指標が必要だということである。幸福とは売り物ではない。金で買うこともできない。いかなる社会においても、食料、生活、健康、教育は基礎的ニーズである。それ以上何を欲するというのか。資本主義が人々につかませるこれ以外の人工物は偽りの必需品である。それにより、パソコンのキーボードに居座り、ゲーム・コントローラにしがみつくような愚か者世代が生産されてきた。何と馬鹿げたことか！　これは、映画『アバター』の大成功と同様、われわれの超暴力的《ウルトラ・バイオレント》社会の到達点の限界を説明する格好の例だ。たくさんの批判や憎悪がある一方、多くの人がそれを観る。

そして数々の受賞…。詩情、本当の命、生命体はあの映画のどこにあるのか。私たちは物事の中にある喜び、価値を見失ってしまった。ともに在ること、他者と互いに繋がっていること、人間性がすべて失われてしまったのである。私たちをまとめてくれていた社会的紐帯を失ってしまったのである。静寂までもが失われてしまった。インターネット、ビデオゲーム、ショッピングセンターからは決して生まれることがない、新しい人間相互の繋がり方を採りいれることが急務である。農民《カンペシーノ》によって運営管理がなされるエコツーリズム、倫理的でオーガニックなスローフード《エコ・ガストロノミック・フード》運動、自然とのふれ合いへの回帰、鳥や森など身の回りにある、あらゆる事物を観察する時間をとること等々を広めていくこともまた急務である。

写真6　グアダルーペ・エチェバリーアは夫のマニュエル・イグレシアスとともにUCURIの創立者として名を連ねる。双子の娘として生まれた彼女は，村の呪術医になることを期待され，彼女は長く癒しに満ちた自分の人生の大部分をその仕事に捧げている。

自由主義は個人の自由も社会的責任も生み出さない。さらに、現代社会においては、あらゆるものの不足が強調される。教会でも、労働組合でも、国

写真７　グアダルーペと彼女が住むチャヨテペック村は，熱帯雨林の原生林の保護に関わってきた。その結果として，エコツーリズム・プロジェクトを成功裏に発展させ，コーヒーによる収入を補っている。

家においても。指導者たちの発言はそのことをさらに増幅させる。だが彼らは何もしないし、それゆえ問題が待ち受けることになる。個々人の自由とは個人の中で完結するものではない。自由とは、コミュニティの関心に接続された時に初めて意味を持つ。現代においては、すべてのことが許容される。私はこれが健全だとは思わない。ケニアでは彼らを適切に保護するという名目の下で、マサイの人々が小さな村落に集められている。実際のところ、それは彼らを管理するためなのである。その一方で何千ヘクタールもの広大な土地が多国籍企業に売却され、企業による北米やヨーロッパ向けの輸出用の作物の生産が可能になる。常軌を逸している。このような不条理や矛盾に対して何もしなかった政府機関に対して私は怒りを覚える。こうした事例が教えることは政府の無責任と能力不足の証明であり、同時に政治的意思の欠如も示している。人類学的な目線でみると、いくつかの根源的な事柄が存在する。それには、貧しい人々が奴隷や野蛮な存在ではなく、人間であることを認められることを望んでいるということも含まれる。それには以下のようないくつかの疑いようのない権利が含まれる。多様な生活様式を認めること、人々にとっての環境、そして、多様な人間性の有り様などである。このことに匹敵する裏返しの感覚として、とりわけ先進国においては、合理性、社会的不条理の確立、存在《ビーイング》の否定…がある。だが、自然の摂理では人間は社会的な存在なのである。

今回の危機が私たちに資本主義システムを完全に脱構築することを要請する。一方、目先のこと以外は考えない凡庸さが支配する世界では進むべき道筋は隠されている。新しいことを提案することは容易ではないが、私たちは経験を共有しコミュニケーションを図り互いに対話をしながら、喫緊に何かを提案しなくてはならない。フェアトレードはいかなるプロパガンダや条件をも超えて、消費者が自分の購買行動の省察を通じて思慮深い存在となる可能性を与えてくれる。これは自惚れた大衆的なメンタリティへの熱狂へと私たちがますます囲い込まれていくことから距離を置くことを意味する。フェアトレード商品を購入することは、もう1つの世界は可能だということへの意思表示にほかならない。

6　国が人々を脅す

怒れる世界の貧困者たちは、金融と市場の世界に明確なルールを導入することを要求する。金融のジャグジーの蛇口を絞めるべきであり、社会的で人道的な確かなルールを科すべきだ、ということを彼らは自覚している。砂漠の中で叫びたいような心境の者もいるはずだ。1990〜2000年代に実施された規制緩和の下で自国経済が存在しているだけの弱い国家の有り様が問われているのである。国家の機能が体制《システム》のセーフガード役にのみに縮小されてきたが、何かできそうなことを取り返そうとはしている。いかなる国家も、もはや民主的に運営されているとは言い難く、金権政治にまみれている。国家を間接的にコントロールするのは、銀行、大企業、大手情報関連企業（マスメディアを含む）である。両手と両足を縛られ、巨大企業の権力によって操作されている国家は、意義深い変化を実行することはできない。それゆえ、国家には、できる範囲で水漏れを塞いだり、1日もすれば剥がれると知りつつ絆創膏を重ね張りする程度のことぐらいしかできない。ウルトラ自由主義のナイフに脅され、国家の責任はどんどん限定されてきており、社会的で公正な経済を取り入れることができなくなっている。依然として、国家の役割の要諦は、国民全体を民主的に代表すること、あらゆる関心群の大きなパートナーシップであり続けること、そしてコンセンサスをつくっていくことではないだろうか。理論上、領土の防衛、市民の安全、インフラの建設など仕事は、自由主義の最右翼ですら、国家の責務として認めているはずだ。

けれども現実は違う形で物事が進んでいる。真の意味において、国家は民主的ではない。アメリカでバラク・オバマ大統領がやろうとしていた医療保険制度改革に関する法案が通らなかった理由は何だろうか。大企業とそのロビー団体が反旗を翻したからであり、結果として、大企業は大統領よりも強大な権力を獲得したのである。現代の金権政治国家には、ルールを課したり、銀行、株式市場、多国籍企業をコントロールする能力はない。なぜなら、政府は真っ当な人々に不利に動き、人々を会社に押し込めようとするからだ。私たちはフェアトレードをもって、政府に対して最終的に社会的責任を全うすることを要求する。政府はどのような類の食料安全を国民に対し保障するのか。どのレベルまでの汚染を地球は容認できるのか。すべての人々、とりわけ最も安全を欠いた人々に対してどのようなインフラを提供するのか。私たちの運命と未来を大企業の関心の手の中に委ねることなど、決して上手くいかないし、これまでも上手くいったためしはない。あるいは、高速道路やサッカースタジアムの建設のための大規模な土地収用という今まさに進行中の出来事が物語るように、周辺化されたところでのみ上手く機能するだろう。企業は国の支援を受け、極めて安いコストで集合型風力発電所を建設する機会をモノにするケースもあるだろう。土地所有者たちから土地を収用した後、企業はそこで発電した電気を販売し利益を上げる。例えば、イタリアとメキシコを含むいくつかの国々では、情報メディア産業が完全に民営化されている。なぜ国家は国民に情報を提供する能力を保持しないのか。どうすれば民主主義を取り戻せるのか。特定の手段の関心だけでなく、国民の関心を本当に代表できるような政府をどうやって創造するのか。

どう見ても金権政治にまみれた操作的で秘密主義の国家に直面した時、私たちの政治的選択肢は必ずしも明白ではないように思われる。権力の上にあぐらをかく政党はその権力を温存することを望むものである。それが白票あるいは反対票であろうと、権力は無効な少数意見を聞く耳は持たない。民主主義下において、投票数の50パーセントにも満たない票数で当選した政治家の存在を誰も問題にしないことが、このシステムが機能していない証左であろう。国家が機能するに際しては、無効となった声が無数に存在する。フェアトレードは、経済の民主化を手始めに、この無効にされた声の空白を埋めることを目指す。マジョリティの人々の社会構造に則った組織群を創造し、それらが結びつくことによって、貧困者たちはみずからを意識化し、最終的には人々が力を自分たちの手中に取り戻すことができる。このような感情へと高めていく。次章ではこのことを証明しよう。

写真8　歩くことは山の暮らしにおける大きな部分を占めている。彼らは，歩いてコーヒー畑に行き，離れた場所に住む知り合いを訪ね，そして定例のUCIRI組合の会合に赴く。

【注】

（1）Plutocratic＝金権政治的の意（訳注：ヴァンデルホフがいう「金権」とは汚職や賄賂、金権選挙といった古典的な利権をめぐるものというより、とめどない利潤の極大化が自己目的化された大企業にコントロールされている資本主義システムの暴走によって、国家の意思決定までもが事実上操られている様をさす。すなわち、現代的コーポラティズム国家のことである。「戦争経済」へとつながる安保利権、原発利権、御用メディアなどは、同根というより、金権政治の究極の姿といえるだろう）。

（2）Laissez-faire, laissez-aller，直訳すれば「成すに任せよ、あるがままに」の意味。企業自身の経済規範に則った企業活動の自由のために、必要最低限の政府の規制しか望まない経済信条。

第3章　下からのグローバリゼーション

1　何のための成長か？

今回のグローバル金融経済危機は、ウルトラ自由主義的な資本主義の矛盾とその暴力性の露呈だと私は考えている。同時に現下の危機はひとつの挑戦でもある。それは、地球の地殻の下に長い間隠れていた沈殿物が放出される休火山の噴火のようなものだ。しかし、火山には良い火山と悪い火山がある。大地に肥沃さをもたらしてくれる噴火もある。この場合、私たちが知っている危機とは、システムを発火させる火花のようなものだ。この地獄に対して、人並みで人道的なオルタナティブを求めて休みなく懸命に働かねばならない。悲惨なのは、被害のつけが貧困者、土地や住居を奪われた家族、見捨てられたコミュニティ、そして、将来世代（訳注：若者や子どもたち）にいくことである。容認できることではない。

今日に至るまで、欧米の支配は「真理の支配」であり、全世界に資本主義を課すという信条が強いられてきた。しかし、長い間、世界人口の80パーセントを占める排除された者たちはこのことに懐疑的だった。今日、世界中が巨大な貧困の溜池の様相を呈しており、私たちはほかの実現可能なモデルへの転換を迫られている。

資本主義によって引き起こされた問題の蓄積は、その発生源を変化させる。フェアトレードは資本主義の背中に刺さった棘《とげ》のようなもので、刺さった部分は腫れあがった後に和らいでいく。それは、内側からルールを変えること、制限なき開発といった教理を含め、資本主義を疑うことに私たちを駆り立てる。

科学の進歩に基づき限りない成長を約束する開発《デベロップメント》は素晴らしいこと、という考えはごく普通に受け入れられた共通認識だが、これは完全に神話である。それにもかかわらず、これが最も有害な悪として、人間性《ヒューマニティ》を制御してきたのである。というのは、資源もこの地球も現実には有限なものだからだ。さもなければ、なぜ絶えずいわれ続けるのか。日々地球はその限界をどんどん露わにしつつある。地球はこれ以上開発を受け入れることはできない。誰かのある場所に運ばれて来る資源と資金は、必ずほかの場所からやって来たものである。富は不可避的に他者の疲弊を引き起こす。貧困の拡大は無制限の進歩など存在する訳がないことを物語っている。理論上そうならざるを得ない。世界の誰もが地球温暖化のことを知っているし、絶え間ない汚染によって事実上の地獄が生まれていることも知っている。科学の力を伴った実証主義は、未来は明るく何物も進歩を止めることはできないと断言した。同時に、社会問題、環境問題、失業者の問題などは心配することはないという。

この体制《システム》は、スケープゴートにされた無数の犠牲者を道路脇に放置してきた。彼らの犠牲の上に成り立つシステムなのだ。犠牲者はシステムの存立と発展には不可欠な要素である。持たざる人々を犠牲にすることによって、システムは正統性を見出している。システムの側も生きる権利、働く権利、尊厳を有する権利、住宅を含む人間の権利について語るが、それらの権利を尊重する資格はない。成長が回復あるいは上向く時には、貧困層に自動的に作用し、彼らの苦難は除去されるという主張（訳注：いわゆるトリクルダウンもその1つ）があるが、これは資本主義の自己防衛のためである。これを最後にこの盲目的信仰を止めるべきだ。

事実、20世紀資本主義世界の加速化された発展は、地球とそこに住む人間の3分の2――苦しみに耐える貧者、よりよき生活など望むべくもなく、ただ生きることを欲する貧者たち――を搾取することによって成り立っていた。雨風をしのぐだけの屋根、住居、粗末な便所、かまど。こうしたものは開発の恩恵ですらない。必要最低限の物である。似たような例として、学校に通うこと、能力を高めること、世界について学ぶことなどは、欠くべかざることである。開発がこれらの事柄に寄与してきたことは事実だろう。だが、私たちは開発の負の部分を計る物差しを持っていない。科学と個人の自由はすべて正しく善いことという立場を採ったとして、そのことによって発展したのは北の国々だけだった。発展は南から富を盗むことによって可能になった。開発・発展とは、このようなやり方によってのみ達成可能だということを正直に認めなくてはならない。それゆえ、開発の物語は完全なる想像上の構築物なのである。開発という概念は人類の歴史の期間の中で、いや西洋文化の中ですら比較的最近のものであるということは事実である。私たちは経済は常に――好況時でも不況時でも――善い方向に向かって進歩しているという考えに執着することを止め、ベールを明かさねばならない。なぜならば、それによって引き起こされる人間や地球へのダメージは途方もないからだ。人類と私たちが暮らす唯一のこの小さな惑星について話しているのだ。グローバリゼーションと企業の脱国境化は新しい形の植民地主義である。先進国は自分たちが消費する商品を生産するために、安価な労働力を過度に利用している。資本主義の原動力は人間を次々と搾取することにある。なぜ先進国は途上国の開発にそこまで執着するのか。それは先進国の消費者に途上国からの輸入産品を消費させる必要があるからだろう。開発とその問題は、開発は無期限に続いていくべきという西欧思想の要素として理解すべきである。このように、意味論上の幻想に基づく二項対立のように、開発という言葉は低開発《アンダーデベロップメント》という言葉と対をなす。低開発が恒常的に創造されることによって、開発という概念が存在することが可能になる。同様に、それゆえ開発はすべての途上国がいつの日か物質的に繁栄をするかもしれないという幻想をつくり出す。２つ目の重要な幻想は、無尽蔵にあるわけではない資源を恒常的に搾取することによってのみ開発が達成できるという事実を覆い隠している。

自由経済は特定の者――例えば銀行――にはほかの者より多くの権利を生み出す。このことの証言者は、豊かな北アメリカの社会で貧困ライン以下の水準で生活をしている約30パーセントもの人々である。これは連帯とは相いれないことだ。私たちは、どのように良識、連帯、責任を生み出せばよいのか。私たちは、どのようにすべての人は皆同じ権利を有していると主張できるのか。私たちは天使ではないし、地上に天国を創造することはできない。しかし私たちの考えは、すべての事柄において搾取の程度を下げようとするものである。だから、基本的権利すら否定された最も弱い立場の人々を救うために私たちはフェアトレードのネットワークを築いたのだ。

2　チャリティは不要

資本主義システムにおいて、富と権力を蓄積する者は同時に無意識的に貧困層が隅に追いやられることへの後悔の意を表す。これがチャリティというものがどこから来るのかを示している。そもそも自分たちがこれまで、最初からして然るべきだったこと、すなわち、労働力や原材料に対して生産コストをカバーできるような公正な価格を払うことへの埋め合わせとして、体制《システム》の擁護者によって思い描かれたチャリティという概念——国際援助と同一の役割において——は道理に反するものである。なぜなら、市場の中にあるチャリティは有害だからである。貧困層も人間であり、権利が保障された存在だということを否定するからだ。北米の人々がハイチの地震被災者たちを手段として利用したように、チャリティは貧困層をその対象として手段化する。政治的目的による惨事便乗型の緊急人道支援が登場するわけだ。ナオミ・クラインは「極端な危機状態において被災者はいかなる団体のどんな財源による人道支援でもいいから、とにかく支援を必死に求める。被災者は支援の条件を交渉できる立場にない」と述べている。これ自体はハイチの人々のような自然災害に被災した人々と支援側との連帯を排除するものではない。しかし、支援を受け入れるか受け入れないかを決めるのは、連帯の有り様と条件なのである。

チャリティは、他者を主体的存在または生活者としてではなく対象物として扱う。このことは、人々の暮らしを支えることに不適当である。他人にお金を乞うことは、この世で最も屈辱的なことだ。先進国の途上国に対する開発の仕組みは、「ほら、お金だ」と札束をちらつかせることに基づいている。それを受け入れることができないのは不真面目だということになる。これは、富と天然資源を取り上げること、大衆を飼いならすことを求める新しい植民地主義の形態にほかならない。非人道的な資本主義は、これと同じ価値を共有している。先進国は依然として、この体制《システム》を通じて、自分たちの考え方、自分たちの開発、自分たちが考える人道主義をまやかしの持続可能な開発に変装させて強いるのだ。これまでずっと、欧米諸国は被植民側に対して、何を求めているのかを尋ねることは決してなかった。しかし世界には体制《システム》が決して受け入れない隠された豊かさ、体制が無視する価値が存在する。支配的文化に無視されるか不当に扱われてきた最も不利な状態におかれた人々の中から、日常の抵抗とサバイバルが民衆の叡智を創造する。

自分たちの成り行きは自分たちで定めたいという貧しい人々の願望は正常である。その願望は、フェアトレードによって翻訳されたひとつの叫びとして表現されている。彼らの行動は、新自由主義という靴の中にある小石のようなものである。フェアトレードは、貧困者が自分たちの能力を試し、彼らにとって何が一番良いかを知る機会を与える。なぜなら、貧困者たちは搾取の重荷を十二分に知っているからだ。科学的ではないかもしれないが、経験として知っている。こうした理由から、農民《カンペシーノ》たちは、不公平な市場が与える偽りの均衡を拒否するのだ。彼らがもっと搾取されることを望む理由はあるだろうか。彼らは必要とするものとともに暮らしたい。ただそれだけなのだ。「私たちは、貧困層に少なくとも何かをしてあげている」という隠されたイデオロギーを常に伴って提供される寄付や補助金によって人々の飢えや渇きを癒すことよりも、何よりもまず、働く人々の世界における労働力のコストがしっかりと認識されるべきだったのだ。これは連帯とは何の関係もないことだ。NGOなどの支援に依存することなく、人々が必要物を手に入れられるだけのコストを消費者が負担することは、本来当然のことだ。私の考えでは、いかなる方式でも海外援助というものは数多くの不都合を包含している。途上国にやってくる大抵のNGOは、活動が行われる地域において、最も貧しい人々が何を必要としているかを問わずに、地域住民にとってよいことについて、あたかも住民よりよく知っているかのごとく振る舞っている。NGOらは常に、その支援《ドネーション》と自分たちで勝手に決めた彼らのルールをセットにすることによって、思いやり《チャリティ》という名の下に、自分たちの意志を貧しい人々に押し付けてしまう。私はNGOのこうしたやり方に賛成できない。なぜなら、彼らは自分たちが何をしているのかわかっていないからだ。確かにNGOには非常に好意的かつ優秀で、善意に満ちあふれたスタッフもいる。だが一般論として、彼らのメンタリティは彼らが成すべきはずだったこととは逆の方向に作用する。結果として、NGOのメカニズムは、自由主義システムを正当化する大量破壊兵器のようなものになってしまう。長期的なプログラムあるいはプロジェクトにおいて、NGOはドナーから優先事項を監視されており、地元のニーズに基づいて機能するわけではない。3～5年間プロジェクトを実施し、その後のことは考えず、バトンを持ったまま帰ってしまったNGOを私自身どれだけ見てきたことか。最もありがちなことは、現地で何の協力《コラボレーション》をすることなしに、あらゆることにNGOが介入することだ。彼らがやろうとしていることは、不幸という名のカーペットを持ち上げて、自分たちの存在を世に知らしめているに過ぎない。何らかの解決策が提供される前に、こうした問題は研究され、理解されなければならない。そして、フェアトレードのような解決策は何よりも貧しき人々自身から生まれるのである。

私が住んでいるメキシコでは、換金作物としてのコーヒーに依存している農民は、仲買人

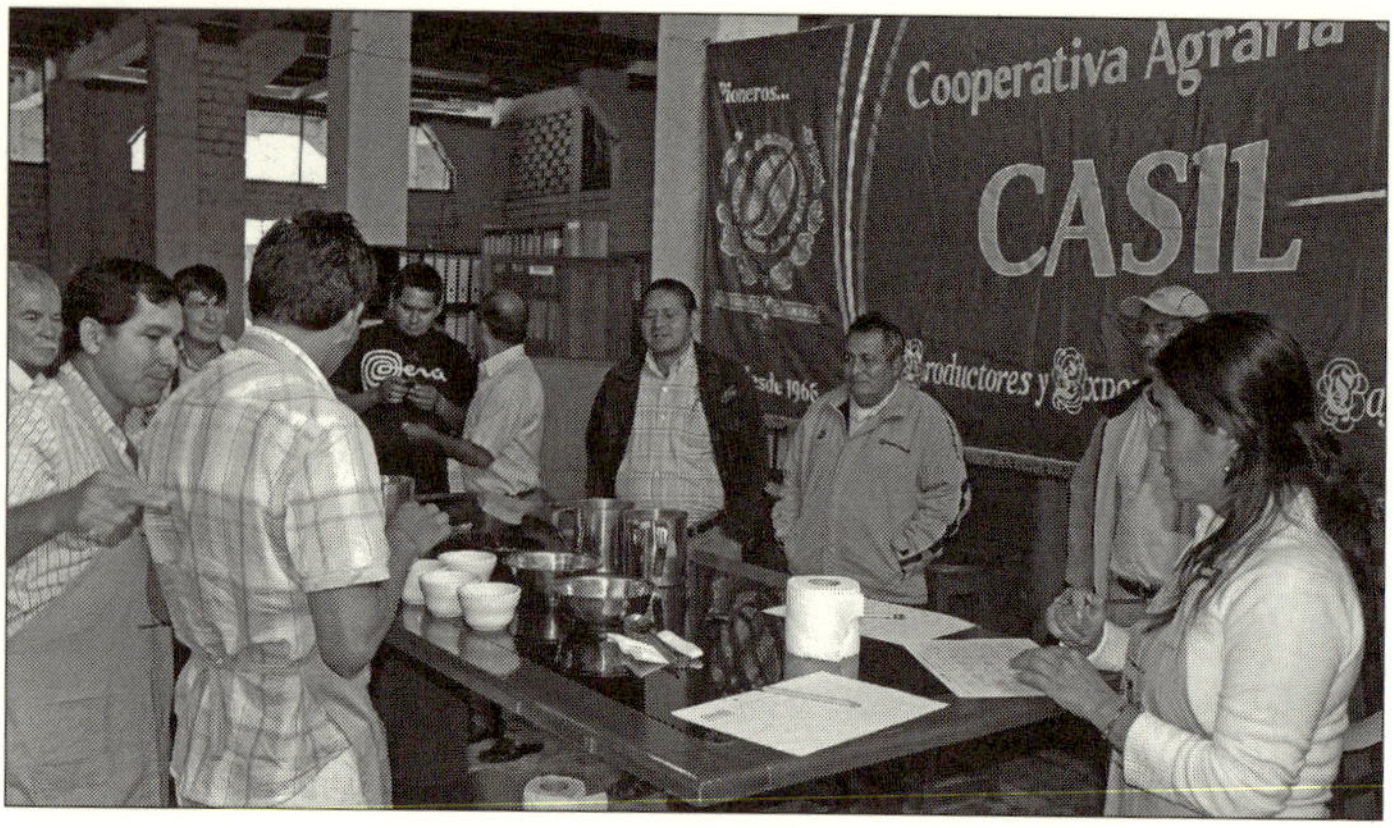

写真9　フェアトレードにかかわる協同組合は，当初から，社会的・環境的な恩恵に加えて，品質を重視しなくてはならないことを知っていた。写真は，CASIL協同組合（ペルー北部）の収穫直後の作物の品評会の様子。

から搾取され、労働の対価としての賃金だけで家族を養うことができず、農民は自分たちで協同組合を設立しようとした。それに対して、既得権益を失いたくない仲介業者がその動きを抑えようとした。農民が組織をつくり上げるには長い年月を要した。自分たちの尊厳を回復するために、農民は国からの補助金や外部からの援助に頼らず、それをやり遂げたかったのである。自分たちを過小評価し、尊重してくれない政府に「借り」をつくろうとは思わないのだ。長年、彼らと一緒に暮らし運命をともにしている私はそのことを理解している。農民の望みは魂を売ったり失うことなく、自分たちの権利を獲得し願いを叶えたい。ただそれだけなのだ。フェアトレードによって、ようやく農民はしっかりとした屋根と床、医療クリニック、医師を得ることができた。子どもたちを学校に行かせ、きちんと面倒をみることができるようになった。貧しい農民はこれらを請うたのではない。労働に見合ったより公正な収入により、これらすべてのことを得たのだ。公正な交換と永続的な関係を築くことによってのみ、このことが可能となる。

3　倫理に基づいた反撃

惨めな状況から弱者を救い出すための方法として、フェアトレードは有効性を確認できる数少ない経済イニシアチブだ。新自由主義モデルの暴走に挑戦し、正そうとする本当のオルタナティブともいえる。いわゆる商業貿易とは異なるこのフェアトレードは、メキシコのオアハカ州で誕生した（訳注：Fairtrade, ヴァンデルホフらが考案した国際フェアトレード認証ラベルに基づくフェアトレードの意）。ここでは、コーヒー生産に従事する農民《カンペシーノス》たちのグループが、自分たちが作る有機栽培コーヒーのより公正な価格を求めて、イスモ地域先住民族共同体組合（ＵＣＩＲＩ）という自主管理的な組織を設立した。不誠実な無法者の中間搾取業者に搾取されていた小生産者たちは、協同組合をつくったことによって、生産コストだけでなく、社会的・環境的なコストもカバーできる価格でコーヒーを販売するようになった。彼らの環境と社会構造を維持するための費用と同様、彼らが生産を継続するための投資、労働時間に見合った収入、コストの回収ができるような公正な価格が支払われることをフェアトレードは求めている。私は30年以上メキシコの先住民の人々が権利について、特に労働のための自己組織化をする権利について学ぶ手伝いをしてきた。それが、私が彼らに協同組合を設立し自分たちを防衛することを促すことができた理由だ。こうして、UCIRIの組合員は、彼らの生産物であるコーヒーを、中間搾取業者を介さずに、あるいは、支援《チャリティ》団体の援助を受けることなしに輸出することを学習した。契約書を作成することや有機栽培をすることも学んだ。安定した収入を確保するため、事前に最低価格を定めた（訳注：フェアトレード最低価格）。コーヒーの市場価格がキロ当たり45セントだった2000年から2005年の間には、この仕組みがバッファーとして重要な役割を果たした。この時、彼らはキロ当たり1・21セントの価格をオファーすることができた。何と三倍である！　小さな協同組合にとって、この額は年間100万ドルの追加収入を意味する。

このようにして、欧州の団体との提携を行うようになった農民たちの収入は確実に増加し、

10年間で2倍になった。自分たちで沢山のプロジェクトを実施し、家屋や道路を改良し、必要なインフラを整備し、小規模金融《マイクロクレジット》の銀行を設立した。今日、彼らは正当な所有者として責任を持ち、将来に対する不確実性を大幅に軽減した。フェアトレードの土台をなすもう1つの要素は、農民自身によって管理・運営される民主的な協同組合組織である。

1989年に、私は友人のニコ・ローツェンと一緒に、マックス・ハベラー（Max Havelaar）という名⑴で世界初のフェアトレード認証ラベル制度をオランダで立ち上げた（訳注：経緯の詳細については、ローツェンとヴァンデルホフの共著『フェアトレードの冒険』（日経BP社、2007年）を参照のこと）。後になって、この現象は数十もの国々においても発展を遂げ、生産者、消費者、企業などおのおの責任を有するアクターが参加する市場《マーケット》が形成されていった。私たちはこのようにして、不公正な市場への抗議から、本当に実体を伴ったオルタナティブとしてのフェアトレードのアプローチに昇華させていったのである。もし状況を改善するための具体的な解決策を伴わずして、私たちが単に抗議するだけに甘んじていたとしたら、それは空虚なものに終わったはずだ。

それは革命だが、富と支配的な人々の権力に立脚した体制《システム》へ挑戦する建設的な提案に根ざした平和的な革命である。取引や売り上げの量や財産だけが唯一の動機ではないもう1つの市場、もう1つの経済を求めて農民は戦った。生産から消費までのチェーンにかかわるすべてのアクターの尊厳を考慮した経済を求めているのである。この新しい市場におけるすべてのルールは、この基本的な原理を達成すべきである。公正な市場《フェア・マーケット》が新自由主義システムの根本的な批判役であるだけでなく、オルタナティブな経済パラダイムを提供するのである。

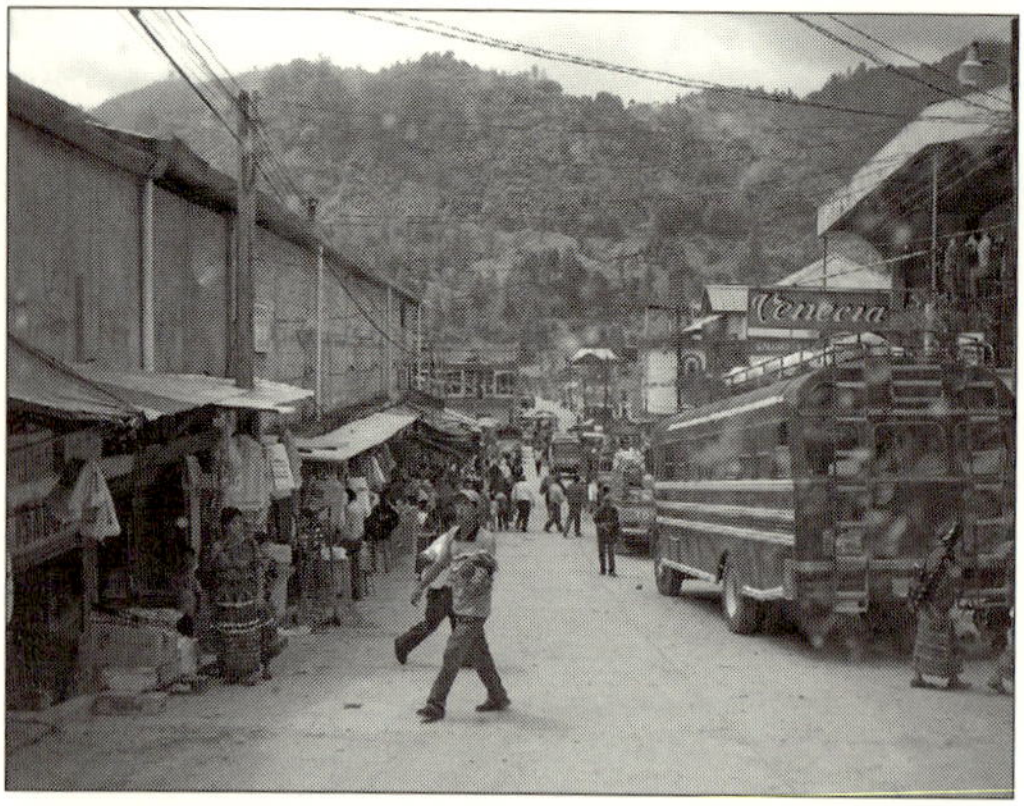

写真10　UCIRIは，グアテマラのバリリヤスにあるASOBAGRIのようなほかのフェアトレード組合を好意的に支援してきた。同組合の良質なコーヒーは世界的に知られている。

公正な市場――生産者は品質のよい産品を作り、社会正義と環境保全に要するプレミアムが統合された固定的な価格で販売する――という考えは、農民、小生産者、労働者たちによる価値を生み出すための労力（時間と汗）が、皆同じように報われる新しい経済のあり方から生まれた。億万長者、政治家、官僚たちは通常、自分が座っている地位に応じたサラリーを受け取る。それは自分がつくった何か、あるいは公正な報酬とは何かといった概念に基づいた額ではない。こうしたことを変

写真11　フェアトレードは，コーヒーだけでなく，紅茶，チョコレート，砂糖，バナナなどへと急速に広がっている。写真は，エクアドルのジャムビ・キワ組合のマリア・グズマンとマルガリータ・ボルハが，自分たちのハーブティー工場での加工と包装の工程に送る前に，マルガリータのハーブを計量している様子。

えるため、公正な市場では、報酬はみずからの意志による努力に比例したものとするだけでなく、環境、大地、川、空気、海を尊重する有機生産物を選好する。オスカー・ラフォンテーヌ（訳注：ドイツ社会民主党の党首）が言うように「それがフェアトレードの核心《ハート》であり、心臓《ハート》は左胸《レストサイド》で鼓動する」のだ。

もっとも寛大な定義において、フェアトレードは金持ちになることを目指すのではなく、惨めな状態から立ち上がり、尊厳に満ちた暮らしを望むすべての人々を受け入れるものである。公正な市場の原理は、1人1人の人間が自分の場所、健康医療、学校、収入と労働へのアクセスが保証されるような新しいシステムを想像するための実現可能なオルタナティブである。新自由主義市場モデルは排除を生み出し、そこでは一握りの強者だけがその極端な競争社会の中で生き残ることができる。このことが、私が20数年前に、新自由主義モデルの大いなる失敗を是正し正す別の市場モデルの探求を始めた理由だ。

この市場《マーケット》のねらいは、高い意識と責任感を備えた消費者との協力によって、グローバル・レベルで社会的連帯の企業体《エンタープライズィズ》を創造することである。社会的連帯経済について語ることは、単に持たざる者たちに同情することではない。それは、彼らの生き方を理解すること、彼らに対する敬意を持つことを意味する。持たざる者たちを排除するような強欲経済に直面する中、貧しき者たちは自分たちがそこに含まれるより公平な分配システムを構築したのである。

もしこのことを忘れてしまったら、私たちはチャリティといった手段を通じて、そのネガティブな部分を拭い消し去ろうとする支配的なシステムにだけ頼ることになる。これは連帯経済が別の次元を選択するべき理由であり、将来もっと広い視野からの提案をすべき理由でもある。なぜなら人間の真の本質は多面的なものであり、利潤だけを志向するものではないからだ。正反対のことを信じることは、奇妙な数学的科学的な思考の深刻な誤りである。

フェアトレードは同情に対するオルタナティブであり、社会の中でないがしろにされがちな価値への認識に基づいた制度である。道徳上の理由でなく、ただ人間を尊重することから生まれたものである。フェアトレードは地球上にほんの少しだけ幸福が生まれる余地をつくり出す。想像上の幸福ではなくフェアトレード産品の購買を奨励し、生産者への富の蓄積を促す消費者社会によってもたらされるような現実の幸福である。それゆえ、フェアトレードは支配的な資本主義システムの根本的な更生なのである。サルトルが言ったように、資本主義は独自の地獄を生み出すが、それは「来世」または「他人にとって」の地獄ではない。

フェアトレードは連帯と承認の条件と共感能力への条件をつくり出す。もう1つの世界――希望と生存の場所――のように、それは最も虐げられてきた人々がいかに前進するかの実験の場である。そこは貧困者と見捨てられた人々など犠牲者を製造する仕組み《マニファクチャー》が最大限制限された場所である。それは対立がより少ない好ましい世界である。貧しき者たちの精神と良識を結集し、下から構築されるものである。彼らは決して諦めず、彼らにとって不可欠なものを守り抜いたのである。どんな人間でも、良識に変調を来さない限り、生き続けていくことを望むはずだ。

フェアトレード産品を購入するということは、もう1つの世界に対して、自分の財布から投票し、その行為によって、もう1つの世界を認知することを意味する。フェアトレードは見せかけのチャリティとは異なる。生産者と消費者の双方のために生まれた。チャリティ・

キャンペーンで集めたお金は一体どこにいくのかを知らされないことに不信感を抱いていた人々は、幸いなことに新しい手段を得たのである。多くの人々がチャリティ・ビジネスをいぶかしく思っている。フェアトレードこそが公正な世界を望む人々にとっての選択肢《オルタナティブ》である。これは地球の裏側の他者とのつながりにおける1つの極端な状態から誠実さへの回帰である。もし消費者がフェアトレード・チェーン全体の誠実さに疑念を抱くのなら、公正さに立脚したこのシステムは崩壊してしまうだろう。

4　上手くいった！

フェアトレードの創成期から私たちは多くのことを学んできた。実際には、まだ改善の余地がたくさんある。しかし、農民自身がコミュニティを通じて組織力を高めたこと、尊厳を取り戻したこと、政治的権利の回復、先住民の社会構造の維持、収入が2倍になったこと等のポジティブな成果がある。1日あたりの所得が1ドルから2ドルになったのだ。依然として、ささやかすぎる金額だが、今までで最も高い数字である。

農民コミュニティの組織化が危機に上手く対処することを可能にし、尊厳が保証された生存の下地を提供した。過去十年に実施された公共機関による道路整備、保健センターの設置、協同組合の設立等のさまざまな整備改良を含む社会事業――これらにより生活必需品への支出を節約することができた――が意味するところは、農民が資本主義の銃口《おどし》に対してあまり動じなくなってきたということである。現在では、最も貧しい農民でも必需品を入手できるようになった。フェアトレードを始める前は、必需品を買いに行くために丸1日あるいは2日歩かなければならなかった。また、自分の収穫物を以前より良い価格で販売することが可能になった。現在私たちが経験しているような強烈な危機下において、フェアトレードは最も貧しい農民のバッファーとして機能している。

私たちは組合員のお金を元手に小規模金融《マイクロクレジット》組合も立ち上げた。上から与えられたこととしてではなく、コミュニティの人々がみずから金融組合を管理運営している。通常の経済的基準では本当の経済開発とは見なされないかもしれないが、現場では本当に物事が前進している。

技術的な知見、諸々の権利、生産と同様に、文化、連帯、社会における課題に関することも進歩をとげた。すべては連帯に基づいて組織化された地元住民の努力の賜物である。要は、以前には想像すらできなかったような諸々のことを、彼らは自分たち自身で成し遂げてしまったのである。政治的な面においても、小生産者に対する認識の高まりがこの発展の成果として確認できる。20年前なら、近隣の都市住民は、先住民の人々を人間でなく動物とみなしていた（訳注：賤民、被差別民のような存在だった）。現在、彼ら農民が成し遂げたこと、その重要性は世界中で知られている。彼らの生産物は欧米のすべてのスーパーマーケットに並んでいるし、品質の良さもよく知れわたっている。苦難に満ちた生活をしていた人々が命運を尊厳とともに自分の手中に取り戻し、真の経済的アクターになった。こうした活力に基づいて組織づくりを進め、徐々に自分たちの能力に自信を持つようになったのである。このように、彼らは日々だんだんと成長し、自分たちをとりまく世界に適応した。それ以前は、システムが彼らの問題を解決してくれることを待っていたのだった。フェアトレードにより、農民らは本当の意味での経済的、文化的、政治的オートノミーを獲得したのである。

このことは、マルコス副司令官がチアパス州でやろうとしていることと同じである。1990年代半ばにサパティスタが蜂起した際、マルコスは「我々は先住民であり、この国における先祖代々からの住民なのだ。我々はすべての権利を有する市民であると同時に、先住民でもあるのだ」と言った（訳注：北米自由貿易協定（NAFTA）が発効した1994年1月1日に、オアハカ州に隣接するチアパス州で、マヤ系の先住民農民らによるサパティスタ民族解放軍（ＥＺＬＮ）がグローバリゼーションと先住民差別への反対、先住民らの自立を掲げ武装蜂起した。当該地域は今でも事実上の自治区となっている。マスコスは彼らのリーダー）。しかしほかの国々と同様、メキシコは本当の意味での複文化《プルーリカルチュラル》社会ではない。だから、チアパスの住人らが有する多様な価値を認めることができないし、そういう人々は人口的に取るに足らない数として扱われ続けている。しかし、どんな人間でも、１つの社会のれっきとした構成員であることには変わりないのである。

これが「サパティスタ運動」の基本的な要求である。権利を奪取するための少数派の闘いとして理解すべきではない。むしろ、ほかの誰もと同じように生きたい、同じ権利を持ちたいという意思なのだ。私たちはサパティスタとも連絡をとっている。やり方が異なるだけで、究極的にはサパティスタと私たちは同じ闘いをしている。ガンジーと同様、私は非暴力主義を信奉している。武器を伴った抵抗が良いことだと思ったことは一度もない。多様性の承認は紛争を避ける最良の道だ。それがないと人間は暴力を引き起こす。社会がどちらか片方を承認しない時、フラストレーションが生まれる。上から与えられた対処の選択肢、例えば、パレスチナ人の難民化の決定要因となったイギリスによるイスラエルの建国はアンバランスをつくり出した。もともとその土地に住んでいたパレスチナ人とイスラエルとの間に紛争が始まると、イギリスはゲームを放棄してしまった。それは物事の道理に対する侮辱である。問題の解決は不可能ではないかもしれないが、それはとてつもなく困難になってしまった。なぜなら、紛争の当事者の片方が否定されているからだ。紛争全体の力学構造への根本的な要因となるスケープゴートの犠牲者化(2)がいかにして始まるかの好例である。貧しき者たちはこの犠牲者化メカニズムに組み込まれているが、現在では彼らの声が支配的な社会に対して影響を与えるようになった。

5　多国籍の衣を着た悪魔

フェアトレードを始めた直後は、私たちは伝統的なオルタナティブ市場と連携をしていた。それらは小さな店舗やごくわずかの小規模なコーヒー会社であり、彼らも私たちと同様に支配的なシステム下で圧力を受けていた。大企業からの圧力に対してインテリジェンスをもって報いようとする私たちのパートナーシップは、創造的で何かに対して積極的に反応していく類のものだった。１９８０年代末にオランダでフェアトレード認証の仕組みを開始した時、すぐさま、資本主義（教）を信奉する傲慢な多国籍企業の反撃にあった。多国籍企業たちはあたかもマフィアのように、私たちの進路を遮ろうとした。私たちに協力しようとした小規模なコーヒー焙煎業者のオーダーを止めさせるよう多国籍企業は圧力をかけたのである。

幸いなことに、世の中には環境を脅かさない生産と富を公正にシェアすることの必要性を認識する実業家や家族経営の会社が存在する。株主の意向によって意思決定がなされる多国籍企業は、人間的規模の小規模ビジネスと同じことはできない。多国籍企業がする唯一のことといえば、際限なき成長、効率化、影響力の拡大だけである。小さな会社はこういった重荷を持たない。より大胆不敵にリスクを引き受ける小さな会社は、特定の状況においては大企業よりもずっと効率的である。ネスレやクラフトフーズといった類の多国籍企業が製品の1パーセントをフェアトレードにすることを請け負った時、実際のねらいは残りの99パーセントの通常ビジネスの販売促進のための宣伝目的であった。彼らが私たちのところを訪ねて来るとすれば、それは我々をスポークスマンとして利用するためにすぎない。私たちは利潤の分配について異なる考えを持っている。私たちは利潤をあげること自体を否定しない。企業の世界でも、株式共有のための雇用者との共同経営が高度に展開し、上手く機能した事例は数多くある。

自然なこととして、小規模な生産者やビジネスの存立が脅かされているという事態に直面する中で、小規模なアクター間の相互理解を築くのが私たちの仕事である。中小規模のパートナーと仕事をすることによってのみ、それは上手く機能すると思われる。マーケットシェア、プライド、権力にだけ目を奪われているような大企業には、別のところから来るイノベーションについて想像することすらできないだろう。私たちは、いつもともに仕事をしてくれる流通業者だけでなく、多国籍企業系の業者にも門戸を開いているという意味で、多国籍企業に逆らっているのではない。しかし、そこにネスレ、クラフトフーズ、サラ・リー、プロクター・アンド・ギャンブル、ドレイファス、エコンなどの企業は含まれていない。これらの企業は安い価格で第1次産品を買い取り、生産者の犠牲にあぐらをかいて、利潤を上乗せして売りさばいている。フェアトレードが約束するコーヒー最低価格は市場を破壊すると告発したネスレのような企業が、マックス・ハベラーまたはフェアトレード・ラベルを手に入れようとしてあらゆる手を使ってきた。フェアトレードが市場シェアの2～3パーセントに達した瞬間から、彼ら大企業の目標が、フェアトレードの仕組みに潜入し、システムの内側から様子を探ることに変わった。彼らは観察を終えた後、私たちの基礎理念に対する敬意を払わずに、ファトレードの着想をまねた自分たち独自のエコロジカル・ブランドを立ち上げた。多国籍企業にとって、マックス・ハベラーは市場をかく乱させ、価格引き上げをさせる存在であった。彼らもマックス・ハベラーの成功を否定することはできなかったから、自分たちのエクストラ・コストが実質的にほとんどゼロの条件での認証システムの立ち上げへと転換したのである。小規模な公正な市場が市場システムの原理への挑戦になるとは、多国籍企業は考えもつかなかったはずだ。小規模生産者のコーヒーが今日のコーヒー市場の5パーセントに達することは、多国籍企業にとって我慢ならないことだった。これを変えるため、悪魔たちは表面的な主張を転換することを余儀なくされた。多国籍企業の機能について私が知る限り、私は、今、小規模生産者のシェアを拡大しなくてはならないといいたい！　小規模アクターへの対抗の意味で、政治家、株主、大企業との契約栽培の末端の生産者組合もまた変わらなくてはならない。これらのことが実際に起きるのか、だとしたらいつなのかについて議論することは、今後の課題である。

6　貧者の小さな哲学

幸運なことに、正当な権利を奪われた人々、貧しき者たちが草の根の実践を通じて届けてくれた価値の中に希望を見出すことができる。全世界の農民《カンペシーノ》や打ち捨てられた人々は、欧米人の固定化されたステレオタイプ、都市の消費者社会における価値観とは異なる文化を持っている。モダンな社会にとって分類不可能な人々である。ある意味、彼らは前近代的で原始的である。だから、農民《カンペシーノ》が欧米社会を訪れると気持ちが悪くなる。過剰な裕福さが彼らを不愉快にするのだ。もっと人間味があり、人を尊重し、匿名度が低い農村や伝統的な仕組みは、彼らにとって快適なものである。発展した都会で、動物園のような、カーニバルのような環境の中で、彼らは自分たちがあたかも動物になったような感覚を覚えるだろう。彼らは「どちらの世界を選ぶべきか？」と自問する。彼らの多くは「これは完璧に偽りの世界ではないか」と答えるに違いない。もし、都会の人々が「我々は、貧しい人々を助け、別の生き方（訳注：モダンな暮らし）が可能だということを示さなくてはならない。自然と調和した生活を送っていたとしても、彼らはあまりに哀れだ」というのを農民が聞いたとしたら、そう答えるに違いない。

逆説的だが、搾取される人々がモダンな社会を可能ならしめている。高生産性部門と同様に、労働集約的な分野も、彼らのお陰で維持されているのだ。それにもかかわらず、現代社会は農民、貧困者、打ち捨てられた人々を恐れている。最悪なことに、現代人は農村地域や都市周辺における貧困について――何よりも、貧困が拡大していることを――意識している。

ぐうたらで、みすぼらしい身なりで、マナーを知らず、方言やスラングのような何を言っているのかわからない言語を話している人々に対して、都会人はネガティブなバイアスを持っている。

何世紀もの間、まるでレモンジュースのように、モダニティの富は貧困者たちから絞り出されたものであった。往々にして、これが農民がモダニティというアイデアを受け入れることに前向きになれない理由である。自分達にはずっと無縁だった進歩というアイデアを彼らが信用しないのは、至極当然のことだ。彼らの農産品から便乗利益を得ていたのは、いつも中間業者――例えば、大手コーヒー会社または流通ネットワークの下請け――であった。農民はこのことを知っている。彼らは利益はどこにいくのかを問い、より良い価格で直接販売する方途を探した。農民は都市や先進国による上からの搾取を望まない。天候、移り変わる諸情勢など、農民は多くの生産のサイクルに依存している。モダニティは彼らの発展に貢献してこなかった。むしろ、モダニティは農民を恒常的に脆弱性あるいは危機という状況に固定し続けてきた。不作の年には農民はすべてを失う。だから、農民は何か良いことは進歩によってもたらされるとは思わないのだ。農民は自分たちの大地、その恵み、牛たちを愛している。彼らは自然や自分たちを取り囲んでいる事物と親密な関係を結んでいる。

しかし、都市住民の食料安全保障のための安価な農産品を供給するように、また、生産の強制が機能するように、社会は組織されている。私たちは生産者への補助金を止めさせ、生産物に対する公正な対価を払わせなくてはならない。ヨーロッパでは肉牛1頭につき、メキシコやブラジルの農民が肉牛から得る金額の2倍の稼ぎが補助金によって保障されている！この仕組みは、社会不安を防止するため、ヨーロッパの労働者が可能な限り安価な食料を入手できるようにしたものだ。第2次大戦以来、ヨーロッパの農民《ファーマー》は軽視され、それが彼らにとって悪いことだったかは別にして、必要な情報を入手できる立場になかった。しかし、食料は田舎《カントリー》から供給されるので、都市の維持にとって、小規模農家は不可欠な存在であった。

農家の収穫の一部がバイオ燃料として自動車の燃料タンクに仕向けられたことは、モダニティ側にとって嬉しいことであった。これが価格を高騰させた。２００９年、メキシコはアメリカの補助金付のコーンを輸入することを余儀なくされた。以前は、メキシコは長らくコーンの輸出国だったにもかかわらずだ。このようなことが起きているのは、アメリカのような国で補助金によって価格が下げられた安い農産物が出回っているからだ。これがグローバルなレベルで不条理を生み出している。北米自由貿易協定（ＮＡＦＴＡ）がこの不条理を可能にした。地元の農家がこの新しいシステムと競争することは不可能だ。だが、この種の新政策が持つ環境面・政治面・社会面での帰結を誰も計算しない。それが市場のイデオロギーなのだ。

それゆえ、私たちは「神の見えざる手」の市場調整機能を信用しない。それは機能しないユートピアのようなものだ。数百万もの人々の食料が不足しているのに、食料を燃料に回し、生産者も自分たちの生産物が何に供されているのかについて、決して知ることがない。こんな馬鹿げた話があるだろうか？

【注】

（1）『マックス・ハベラー』とは、オランダの植民地支配を批判した19世紀のオランダの小説の名前である。

（2）Victimization of the scapegoat：フランスの批評家ルネ・ジラール（Rene Girard, 1923-2015）による暴力の起源に関する理論。

第4章　もう1つの世界は可能だ

1　反論とは提案をすること

　1968年にヨーロッパ全土で発生した学生運動での経験は、なによりも現状の病理に対するきちんとした選択肢あるいは具体的な処方箋がない単なる抗議は空虚で意味のないことだということを私に教えてくれた。今日さまざまな課題があるが、未来は都市文明の繁栄の上にあるのではない。それが、私が暮らすメキシコの村落コミュニティのスローガン、「我々は抗議し続けるが、同時に提案し続ける」を着想した理由だ。既存市場とは異なるオルタナティブな市場は、この「抗議と提案」運動にとって欠くことのできない部分である。

　今日の危機の中で、あるいはいつでも常に、経済運営に対する深遠な再考をすることが必要である。というよりも、極めて急務である。そこで、次のような問いが不可欠となる。

「私たちは、排除された人々にどのような社会経済を望むのか。そして、いかなる社会経済モデルが数百万人もの貧困者の生存——それが脅かされているにもかかわらず——のためにだけでなく、すべての人間に等しく、新しい経済をはっきりと示すことができるのか」。私はすべての人々に再度言いたい。まだ知られてはいないが、新たな始まりはすでにそこにある、と。そう、貧しき者たちは、いかに生産し生き延び奮闘し組織化するかを十分に知っている。そして、貧者の叡智はしばしば軽薄な経済学者や社会科学者の知識よりも重要な場合がある。貧困者の能力は富裕者の能力と同じである。しかし、ムハマド・ユヌス（訳注：Muhammad Yunus, バングラディシュの経済学者、農民向けの小規模金融機関グラミン銀行の設立者、ノーベル平和賞受賞）が「盆栽ピープル」（訳注：狭い鉢に植えられているため本来の能力が発揮できないという意味）と呼ぶこれらの貧困者たちは、小さな容器の中で、意識の面で自分たちの成長を制限されることを余儀なくされていたのだ。

市場経済には問題を本当に解決する能力が備わっていないことが明白になった瞬間から、何かの完全な見直しあるいは制御がなされるべき時を迎えている。私たちがつくり出した新しい経済パラダイムは5つの前提に基づいている。①経済は人間に奉仕すべきであり、その逆はあり得ない。②開発《デベロップメント》は人々によって測定されるべきであり、目標によって計測されるべきものではない。③成長と発展《デベロップメント》は2つのまったく異なる概念である。開発／発展《デベロップメント》が必ずしも成長に導かれるとは限らない。④生態系《エコシステム》が提供するものの外で経済的なプロセスは生じえない。⑤経済とは広大だが有限で閉じたシステム＝生物圏の部分集合に過ぎない。結論として、際限なき成長は不可能である。

小規模金融《マイクロクレジット》やフェアトレードを成功に導いた原理《プリンシプル》を世界が認めなくてはならない時が来た。今のところごく小さな声だが、多様なアイデアを表明できる空間が人々によって形成されたのである。今や、その声に耳を傾け行動する時だ。今般のグローバル危機から脱出するための出口はいくつか存在する。私たちはそれを発見した。

私たちは社会経済に基づく連帯の本質的な特性を備えたモデルをつくりはしたが、そのシステムの本質において、連帯の押し付け――いわんやチャリティも――を試みたことはない。主流派経済の端っこで、主として小規模生産者が従事する農業分野において、私たちは新しいタイプの貿易を導入することができた。これらを統合して、貧困者や排除された人々が単に既成の解決策を待つだけの存在ではなく、自分たち自身の未来のために解決策をつくり上げていくことを証明した。現時点に至るまで、世界市場から見捨てられたと感じていた人々が現在と未来のアクターになることができる。これが唯一の条件だ。

このフェアトレード理論の現実的な体現は、理論が生まれたフレームワークをはるかに超越するものであった。それは、単に農産品の市場を創出したということにとどまらない。それは、欧米の消費型社会への倦怠感、「進んだ世界《ベター・ワールド》からの使者！」として表出する科学的進歩に対する信仰の偏向的なイメージを私たちに気付かせる。フェアトレードは人間の精神性を奪い、人々を個人主義的かつセクト主義的な慰めという退行へと導く物質主義に反対する個々人を創り出す。フェアトレードは現下の経済理論とその進化への大いなるバイアスの上に存在する世界全体に対する疑問を提示する。20年以上前から、フェアトレードは新自由主義システムに挑戦し、その破壊的な影響を低減させようと試みてきた。フェアトレードは文化と人間性を回復するための営為でもある。このプロセスにおいて、グローバル経済の人間化《ヒューマナイズ》も始まっている。

社会性をその本質とする新しいシステムは、すべての参加者《アクター》の合意に基づいた市場空間であり、経済的奴隷制を削減し、市場のユートピアが多数の人間の奴隷化を求める既存のシステムに代替されるべきものである。この文脈において、フェアトレードは既存の経済システムを矯正し、人間に社会の中心の座を与え、民主的で社会的な発展を目指す道を示すことができる。私たちは貿易という言葉の定義を修正し、同時に活力溢れる新しい経済空間――それは消費者にとっても受け入れ可能なもの――を生産者に提供することができる。危機の時代において、その恩恵に与かる術を知る人間以外の者にとって、世界経済の無秩序は我慢できないことである。人々は実現可能なもう1つの世界――そこでは利潤と費用対効率性が唯一の価値ではない――のための手段をつくりだしたにもかかわらず、さらなる連帯が必要であることに気づいていない。私たちが市場に反逆しないのは、ただ単に自分たちも市場の一部でありたいからだ。私たちが欲しいのは別の市場――人道的で民主的で社会的な市場である。同様に、私たちはすべての多国籍企業に対して反旗をひるがえすつもりはない（いくつかの企業は別だが）。ただ単に、自分たち自身が、関係する人々すべてに対する尊厳と最低限のデモクラシーの尊重を携えて、市場の中に潜入しようとしているのだ。私たちはスケープゴート探し

写真12　コーヒー発祥の地であるエチオピア南西部のオロミア州。コーヒーは原油に次ぐ世界第2の貿易産品である。コーヒーによって多くの財産が築かれる一方で，私たちが飲むコーヒーの大部分を生産する小生産者たちは極貧状態におかれている。

をするのではない。ただ、現実のシステムとそれを管理する原則が進化するのを観たいだけである。

写真13　オロミアコーヒー生産者組合連合(OCFCU) は，20万以上の小規模農家からなる217の地域組合によって構成されている。同組合は，コーヒーの洗浄施設，乾燥施設等を自前で整備できるようになった（写真）。エチオピアの首都アジスアベバの近郊に非常に見事なコーヒー加工工場を所有している。

写真14　オロミアの村々の人々のニーズは極めて大きくまた基本的なものである。農民は集会を持ち自分たちで開発の優先順位を決める。多くの場合，ニーズは，（あらゆるレベルの）教育，診療所，衛生的な水，交通といったカテゴリーに分類される。

2 「社会的ビジネス」が目指すこと

1980年代の立ち上げ以来、従来とは異なった政治・経済・文化・社会への視点から、フェアトレードは成功と耐久性を示してきた。それは実態として広がりをみせている現実的かつ具体的なものである。実際には、今日100万世帯以上のフェアトレード受益者がいる。数千もの人々の生活が向上したのは、受益者となった人々の自己決定、インテリジェンス、創造力の結果であって、欧米諸国からのチャリティあるいは援助のお陰ではない。フェアトレードはこのことを証明してきた。惨めさという恥辱の甘受あるいはその対極である社会的暴動のいずれも必要ではない。グローバルな無秩序は解決可能だ。

人々の間のよりよき関係性を構築し私たちが住む世界についての新しい視点を持つことが可能だということを、フェアトレードは証明している。適正な未来を望む世界のすべての市民が生きた証人である。社会コスト、生産者、環境、生産コストを繋げることが可能だということを、フェアトレード・コミュニティがついに可能にしてくれた。市場は人々と環境に仕えるべきであり、その逆であってはならない。消費者間の直接的な提携を探し求めていた

写真15　ニュルンベルグで開催されるビオファ（BioFach）は，世界最大の有機食品の展示会および会合である。フェアトレード生産者組合とバイヤーにとって，現在および将来の取引パートナーと出会うまたとない機会である。JUST US！ のジェフ・ムーア（中央）が，南アフリカのウッパータル・ルイボス茶組合のバレンド・サロモ（右）と彼らが共同経営するパッケージ会社フェアーパッカーズのチャールズ・ダーリング（左）と会談している。

のはそのためである。
もし私たちが、この第3の道を適用し、それを単なる兆候としてではなく、深遠なる運動として用いるならば、この危機と長期にわたる絶望的な雰囲気から脱出できるだろう。これはユートピアではなく、資本主義システムを内側から改変する道を探るための現実的で継続性のある実践である。そうなれば、世界はもっと良い場所となる。より人間的で、より公正な場所に。

フェアトレード市場はもはや資本主義の必然的な進化というより、喫緊の解決策である。革命的進化あるいはポスト資本主義的と形容してもいいだろう。フェアトレードはルールを変える。これからは、社会的コスト、環境コスト、生産コスト、仕事の場を生み出すことは、財またはサービスのコストの一部として組み込まれるべきである。このやり方は、国際的なシステムに立脚するものである。その実現には、市場はできる限り大勢の参加者に対して開かれていなくてはならないのだ。

3 オルタナティブな潮流

フェアトレードが進展するにしたがって、たくさんの反グローバリゼーション運動が発生した。運動の間に橋渡しと相互の連携を築くことは可能である。資本主義システムによる苦悶と貧困の拡大に伴い、人々はだんだんとこのシステムの無秩序ぶりについて自覚的になってきた。地球およびそこに住む者たちに影響を及ぼす病理が、この自覚への共感を育てたのである。これにより、1人では行動できないと感じた多くの人々が関連団体に参加するようになった。あらゆる災害と戦争が人々を動かし、その結果、人々はもはやこのような世界を望んでいないことに気づき始めた。彼らはこのような世界に飽き飽きしている。人類のために行うべき事柄のうち、政府が実行を拒否しているもののすべては、今、アソシエーション、反グローバリゼーション運動、社会的責任に自覚的な企業によって担われるようになってきた。こうした集合性が解毒剤を提供するのだ。

この視点からいって、とてつもない失敗の時代だった1980年代以降、1990年代はある種の回帰の時代となった。国際的な意識の形成にとって、ジュネーブと同様に、シアトルは極めて重要な瞬間だった（訳注：1999年の第3回世界貿易機関閣僚会議の開催地、大規模なデモが行われた）。回を重ねるにつれて、人々は世界のアンバランス《インバランス》への苛立ちと苦悩に抗議するようになり、国際機関は事態を鎮静化することを期待されているものの、現実は全体主義的な国際機関——例えば国際通貨基金（ＩＭＦ）や世界貿易機関（ＷＴＯ）——が問題の体現者そのものなのである。私自身の社会的良心が開眼したのはベトナム戦争の時だ。１９９０年代初頭の湾岸戦争、アメリカによるアフガニスタンの占領やアブグレイブ刑務所での捕虜虐待の時も同様だ。突然、若い人々やそれほど若いとはいえないような人々が、これらの出来事に対して抗議をし始めた。ヨーロッパ市民の世論は明らかにイラク戦争反対だった。こうしたことすべてが今までとは異なる新しい潮流を引き起こし、その結果、勇気というものを証明してくれた。組織化された運動としてのフェアトレードの出現は、ほかの運動、環境活動家あるいは人権に関心を持つ者が存在すること、その存在が強化され得るというアイデアを強固なものとしてくれた。フェアトレードに関心を持つ大学生もこうした流れに合流し、その数は増え続けている。フェアトレードを専門に扱う学科を擁するボローニャ大学、ルーヴァン大学、トロント大学では、フェアトレードに関する数多くの質の高い論文が発表されている。それらはプロパガンダではなく、個々の研究者の研究成果である。学術界はフェアトレードの強力な推進力であると同時に批判的な監視役でもある。

つまるところ、以上のすべての運動が生まれたのは草の根レベルであり、それはエリートたちと当局の者らによって盗まれた民主主義を回復するためのものである。これが新しい肥沃なプラットフォームを創造した。それは時を経るごとに強化されていく。だが2次的な効果も発現した。権力を維持しようと躍起になっている金権国家が自分たちに対する批判意見を抑圧することである。

この運動は、環境面と社会面において危機にさらされている事柄について考察をする広範な運動によって達成される。数多い中でも、アル・ゴア（元アメリカ合衆国副大統領）、マイケル・ムーア（アメリカの映画監督）、ヤン・アルテュス＝ベルトラン（フランスの写真家）、ニコラス・ユロ（フランスの環境活動家）といった代弁者たちは、世界の変革とルールの変更——それは良いことである——を呼びかけている。もちろん、グリーンピースとゴアの間には、多種多様な目的を掲げるおびただしい数のアソシエーションが存在する（訳注：ここでは、主にＮＧＯ、ＮＰＯのこと）。にもかかわらず、それらのアソシエーションは毎回、より的確な解決策を提案している。真の変革と解決のための行動に向けて、少しずつではあるが、それらの団体は資本主義によって引き起こされる被害に警告を発する単なる黒子のような役割から卒業しつつある。

これらの理由により、もう1つの善き意思を市民の運動へと結集しなくてはならない。フェアトレードのアクターである私たち消費者1人1人は宿題を抱えており、それに取り組まなくてはならないと私は信じている。要は環境運動団体であろうと社会運動団体であろうと、私たちはさまざまな団体と一緒にフェアトレードをサポートするために連携しなくてはならない。消費者も生産者も皆フェアトレードの当事者なのである。だから、グリーンピース、国際有機農業運動連盟（ＩＦＯＡＭ）、世界自然保護基金（ＷＷＦ）、フェアトレードにかかわる数多くの協同組合など、この世に存在する諸団体は互いに繋がりを築きメッセージが方々にいき渡るようにすべきである。私たちの連携は自然のものであり、そのプロセスはゆっくりとしたものである。

例えば、ムハマド・ユヌスはバングラディシュと世界各地でめざましい仕事を成し遂げた。グラミン銀行、そしてグラミン携帯電話会社も数多くの国々で人々を助けた。このモデルは1つの例である。しかし、私はユヌスの社会資本主義《ソーシャル・キャピタリズム》という終着点のビジョン（訳注：社会的ビジネスを重視した新しいタイプの資本主義）に賛成することはできない。それは甘い夢であり、ユートピアに過ぎない。資本主義と社会的なものは対極にあり、撞着である。小規模金融《マイクロクレジット》は農村や郊外のような地域では不可欠なものであるが、それはユヌス以前から存在していた。小規模金融はフェアトレードと密接不可分なものである。フェアトレードによって人々が困窮状態から脱した時、人々は自分で事業を起こすことを考えるようになる。私たちは、コーヒーで得た利潤を小規模な協同組合銀行に投資するよう農民に奨励してきた。協同組合銀行では農民みずからが出資者となり、コミュニティの人々に融資することができる。それは「希望の銀行」と呼ばれ、上手く機能している。私たちの銀行では、利子はあらかじめ2パーセントという低い利率に固定されている。だが、ムハマド・ユヌスが生み出した構想が非常に重要であることは疑いの余地もない。ほんの一握りの人しか大銀行からの融資を受けることができない世界でも最も貧しい国でユヌスが成し遂げたことの意義は計り知れない。小規模融資は大銀行とは無関係なものである。とりわけ、ほとんどの借入者は10万ユーロも必要としていない。小型店舗の開設資金あるいは自分たちの活動を始めるためのごくわずかの資金が必要なだけだ。それにもかかわらず、海外からのそれも大部分が先進国からの資金に依存しているユヌスのモデルには限界がある。グラミン銀行が成長するにつれ、資金分配や銀行が本来仕えるべき先のコミュニティからの乖離に関連した問題、管理・透明性・責任の所在についての疑問が生じるようになったのである。

あらゆる障害があるにもかかわらず、人道性、幸福、人間の条件について考えるすべての人々と何とかして協働しなければならない。誰もが、たとえ善意の労働組合や環境団体ですら、環境エリート主義を戒め、世界中からあらゆる種類の団体の協働を探らなければならない。ラディカル主義者だけでは何も成し遂げることができなかった。意見の違いにかかわらず、皆が一緒に集まるよう努めるべきなのだ。第1に、私たちを結びつけてくれるものは何かを、次に、私たちを分断するものは何かについて、見定めなければいけない。

写真16　ウッパータル・ルイボス茶組合の会合で，組合員がそれぞれの現況と奮闘について話合っている。南アの白人農場経営者は数千ヘクタールもの広大な農地を所有し，その多くが使われていない一方で，黒人農家はごくわずかな面積の農地を購入することすら事実上不可能に近い，と彼らは説明する。幸いなことに，組合はある教会から土地を与えてもらった。手前の男性は，組合員になっても長時間の労働と多くのリスクから自由になることはできないが，それでも屈辱的な経験だったプランテーション労働者には戻りたくないと話す。

写真17　フェアトレードはアジアでも広がりをみせている。しかし，南アフリカやその他の地域と同様，植民地化をめぐる歴史的背景から，アジアでのフェアトレード・モデルは幾分妥協の産物であることを余儀なくされている。写真のダージリン地方では，プランテーション内の労働者協同組合の枠組の中で，茶摘娘が組織をつくっている。彼女らは土地なし労働者であり，組合は工場のような施設も所有していない。彼女らは，デイケア，その他の労働条件や生活条件について，雇用主と交渉する余地はあるかもしれない。しかし，これらはしばしば，金銭面での便益に終始しがちであり，それ以上の変革をもたらすものではないことが多い。

4 インターネットの社会的利用

新しい技術は、ほんの10年前には不可能だったやりとりを可能にする。インターネットや携帯電話によって情報は自動的に循環するようになった。イランでの出来事はよい例だ。反グローバリゼーション活動者は政府や多国籍企業にプレッシャーを与えるツールとしての新しいコミュニケーション・メディアをどうやって活用するかを十分に理解している。彼らは、人々を洗脳し、無にあるいはほとんどそれに近い存在に変えてしまう主流メディアのチャンネルを攻撃する。今現在、広範な勢力の支持を得た環境《エコ・ソーシャル》＝社会的なインターネット上のプラットフォーム環境はまだ存在していない。すべての勢力が結集し、1つのプラットフォーム上でオルタナティブな提案を持つことができたなら、それは大いなる前進となるだろうし、それは意思表示、民主主義のため、同時に何か建設的なことを奨励するための広大な空間の創出につながるだろう。

新しい技術のインパクトは、先進国よりも開発途上国においてより大きなものとなるだろう。既存の情報通信インフラが貧弱だからである。数多くの研究がこのことを指摘している。

例えば、デジタル技術の発達は開発途上国の農産物市場をより効率的にする。以前は遠隔地で孤立していた農民《カンペシーノ》が価格変動を調べたり、買い手を知ったり、取引費用を節約したり、より有利な価格で販売したりすることができるようになる。一例として、インド南西部のケララ州では、携帯電話へのアクセスによって、漁民の収入が8パーセント向上したと報告されている。ほかの場所と同様に、メキシコでもフェアトレードから得た収益によって、コンピュータの購入やインターネットへのアクセスが可能になった。このようにして、農民はさまざまな市場における生産物の価格変動についてはっきり理解できるようになったし、競争相手がどこにいるのかを調べることができるようになった。いくつかの事例、例えばインドのマディヤ・プラデーシュ州では、農民の収入は33パーセント上昇した。度量衡学、研修、情報、直接販売・購入に関する農民の知識と相まって、テクノロジーによる遠隔教育と学びへのアクセスもまた改善されてきている。大部分の恵まれない人々にとって、インターネット・アクセスの改善が生存の条件になりつつある。これは新しい技術が多くの持たざる者の役に立つ証拠である。先の大震災の際、ハイチでは人口900万人のうち300万が携帯電話を持っていたことが示すように、貧困層にとっても携帯電話へのアクセスは比較的容易である。しかし、インターネットの場合はインフラ等が必要なため事情は必ずしも同じではない。

貧困層にコンピュータと研修の機会を提供することは、解放のための必須条件である。ハイチにおいてそうだったように、フェアトレードの収益によって農村地域での高速インターネットを提供することは1つの解決策となり得る。私たちは世界の最も貧しい地域における新技術伝播の持続可能な発展モデルを探さなくてはならない。皮肉なことに、新技術のための電気部品等に用いられる素材は開発途上国から供給されているのだ。

5　信じよ、現実を見よ

資本主義はフランシス・フクヤマ(1)のようなそのシステムの盲目的信奉者に依拠している。逆にいえば、より公正で平等な社会をつくるために資本主義を変えることができると信じることが私たちの義務である。とりわけ危機というものは、いかに世界がまともに機能していないのか人々に認識させる決定的な刺激になる。その結果、新しい方法が現れるのである。

私は一方通行モデルの存在を信じない。単一性の味気なさには反論したい。単一的な一方通行モデルは常に疑われ続けなくてはならない。それぞれの国や文化の住人たちが、自分たちの発展の道——必ずしも他所に移転可能ではない道——を求めても、歴史的には単一的モデルによって服従させられてきた明白な事実がある。エボ・モラレス——先住民の農民《カンペシーノ》であり、農村団体と社会主義運動（MAS）のリーダーである——が大統領に当選したボリビアの2005年の選挙以降、私たちはもう1つの世界は可能だということを知った。ラテンアメリカでも最も貧しい国の1つであり、先住民が人口のマジョリティを占めるボリビアで起こったことを他国が真似ることはできない。他方で、こうした人々の運動はそれぞれが自分のやり方《イニシアチブ》でやればいいという模範を提供する。

ボリビアには歴史的に農民や貧困層の関心を反映した法制が存在しなかった。多国籍企業に服従した国家はすべての天然資源と鉱物資源を差し出してきた。その利益は決して国民に分配されることはなかった。エボ・モラレスのリーダーシップの下、システムを変革するため、農民は非暴力的なやり方で選挙を通じて国を取り戻したのである。モラレスは多国籍企業に対して断固とした態度をとったイラン人やジンバブエ人のようなラディカルな人間ではない。彼はすべてを暴力的に国有化することはしなかった。その代わりに、ボリビアの最貧困層への便益還元のため、石油やガスの採掘からの利益の中からより多い割合を国庫に仕向けるという穏健なやり方を彼は求めた。この方法は相対的な平和の下で実施可能であり、その変化は衝突や災難を伴わない。モラレスはトップダウン的な方法でなく、もっと民主的な方法を採った。2006年、彼が国民の名の下に実施しようとする政策が受け入れられているかどうかを諮るために、国民投票が実施された。約10年前にボリビアで起きたこと、それが今も継続し進化し続けていることは、静かなる革命の模範的事例である。私はそれが長い過程の結果だと信じる。

民主主義を進めるため、モラレスは憲法委員会を招集し憲法を改正した。それは人々による下からの流れであり、そうあるべきだといえる。同時に地下資源に関する権利と国の存続にとって不可欠ないくつかの資産を国有化した。事実、国民と国家は、より公正で平等な政策を目指した新しい改革の恩恵を受けることとなった。モラレス政権下において、既存の3つの権力──行政権、立法権、司法権──を監視する第4の権力が生まれた。長年の独裁政治に慣れてしまった国において、それは本当の民主主義に向けた大きな一歩だった。モラレスは環境についても強い関心を持っていた。

同時に、モラレスはベネズエラの故ウゴ・チャベスと共同歩調を採った。海外で構築されたイメージとは裏腹に、チャベスはボリビアの（モラレス）大統領に非常に類似したモデルを採用した。チャベスも憲法を改正し、特定の原料・資源からの利益を社会開発に仕向けたり、農民のために土地を取り戻したり（農地改革）、特定の産業を労働者による経営に転換したりした（国有化）。北米のある種の人々の利害に影響を及ぼしてしまったチャベスは危険な革命家を演じることとなった。お決まりの常套句がある。誰かが自分の飼い犬を殺そうと思った時、その人はいう。この犬は狂犬病だ。

ウルトラ資本主義社会において、激しい暴力に立ち向かうために非暴力的手段を用いることは、よい戦略に思える。武力による弾圧に直面するリスクよりも、大衆が立ち上がることの方が、政治的にはるかに効率的で道徳的にはるかに激しいのだ。これはガンジーとインド独立運動以来の伝統だ。マンデラは回顧録の中で、アフリカ民族会議（ＡＮＣ）は当初暴力を容認していたと述べている。しかし27年間の投獄生活を経て、マンデラは暴力が良い解決法ではないことに気付いたという。同様に、私たちはポスト・アパルヘイトの移行——多くの人々が恐れていた——が非暴力的で平和裏に実施されたことを目撃してきた。

6　国民総幸福量（GNH）

経済システムの新しい基礎をつくること、これまでないがしろにされてきた人間的な要素を全体的に考慮するような基本的指標を開発すること等を含め、世界の有り様について考え直さなくてはならない。もっと広範な要素を包含した何かで、豊かさの創出の概念を置き換えることができるだろうか。例えば、ヒマラヤの小さな王国のブータンでは、国民総幸福量（GNH）という概念を採用した。それは、世界中どの国でも使われている国民総生産（GNP）という国民の富の総量を量るための指標に代替させるものである。GNPは合理的で客観的な算出に基づくものだが、幸福量の計測が単なる馬鹿げた考えだとはいえない。経済開発・成長の度合いを示す数値を減らすことを望まないブータン人は、指標にたくさんの要素を追加した。それには、環境保護、地域文化、責任あるガバナンスが含まれる。GNHの考えが、ブータン国内でのタバコの商業販売を禁止する方向に導いた。タバコには法外な社会的コストがかかるからだ。この繁栄という考えの新しい提案の仕方で興味深いのは、少しずつ、少しずつ、国際的に認知されるようになったその歩みである。このコンセプトはさらに改良の余地があるかもしれない。ブータン国王も参加した２００５年のカナダでの国際会議に私も参加した。フェアトレードがＧＮＨおよびブータンと同じ方向を目指していることは明らかである。もっと包括的なやり方で人間の発展《ヒューマン・デベロップメント》を計測するのであれば、政府は経済成長と同じくらいに持続可能な発展を重視しなければならない。これを実現するためには、例えば天然資源の過剰利用に関連する短期的な経済的利益を熟慮した上で放棄する必要がある。そして、より永続性のある公正な成長モデルを求めなくてはならない。フェアトレードの考えと同様、ＧＮＨというアイデアはより人間的に問題をとらえる視点を含んでいる。

7　下からの国際規制

国連気候変動会議（ＵＮＦＣＣＣ）を構成する第15回気候変動枠組条約締約国会議（ＣＯＰ15）の最大の不幸は、より人間的《ヒューマニスティック》なアプローチを求めようという政治的意思の欠如だったのではないか。国連はより永続的で公正な成長モデルに関わるすべての問題を取り扱うべき立場にある国際機関でなくてはならない。しかし先進国も多国籍企業もそれを望まない。先進国やヨーロッパ諸国が望まない決定を国連がしようとすれば、これらの国々は分担金の支払いを止めるだろう。これらの国々は、国連が発展すること、力を持つこと、財政力を高めることは望んではいない。しかし、国連が力をつけることこそが唯一の解決策なのではないか。設立当初、国連には戦争や紛争を回避するための能力が備わっていることが期待されていた。有力な国々は国連が潜在的に自分たちを凌ぐ力を保持させなかった。そのことが国連にとっての最大の問題である。国連はすべての国々が平等に考慮されるべき唯一の国際的なメカニズムである。しかし国連は、建設的で実行可能な解決策を遂行できる可能性を持たない審議体、コンセンサス探しの場への矮小化されてしまった。

　環境問題は複合的な意味を持つ。活動家たちには2つの方向性がみられる。一方は人間の手つかずの自然を守ることの重要性を信じるディープ・エコロジストであり、他方は人間と自然が無理なく共棲することの可能性を考えるより責任ある立場としての社会生態学《ソーシャル・エコロジスト》の立場である。後者は、気候変動の要因として、天然資源の過剰利用が確実に関係していると分析する。彼らは食料安全保障についても憂慮しており、いち早く欧米型の開発モデルに疑問を呈してきた。彼らは世界社会フォーラムにおいて大きな影響を与えた。

　市場と新自由主義に疑義を唱え、既存の経済モデルの根本的な転換を叫んだ彼らは道理にかなっていたが、私はコペンハーゲンの路上で起きた出来事は挫折《フラストレーション》だったと考えている。世界中の市民は建設的な提案をしたにもかかわらず、政府は聞く耳を持たなかった。政府というものは、とりわけ喫緊かつ不可避的な事柄についてでさえ、意思決定をする能力を持っていないのである。

民衆組織は現実に見合った力を持たなければならない。これは市民社会が熟議のための大きなサミットの一角を占めることを意味する。それは物事を変革するための重要なポイントの1つである。サミットの会議は政治的サミットであってはいけない。コペンハーゲン、メキシコ（訳注：2003年、世界貿易機関（WTO）カンクン閣僚会議のことと思われる）その他の会議のように、将来の話し合いに社会活動者たちが参加すべきである。とりわけ、社会活動者は有機農業やフェアトレードのような既存の活動モデル――数多くの建設的な経験が存在する――に基づいた経験や方策について議題を提出すべきである。もし、それらの建設的な経験が既存のシステムの隅にしか存在していないとしても、なぜシステムはそれを認めることができないというのか。真剣にそうした経験に焦点を当てるべきではないか。彼らは往々にして社会の中の相矛盾する利害を代表することになるのだから。

人間と自然はともに生きるべく学習をすべきである。ある谷での工業化は数百キロメートル離れた森林に影響を及ぼす。しかし常々、ディープエコロジーの信奉者には森林地帯で暮らす民はその土地――彼らの土地であり、結果的には彼らがそれを守っている――を熟知しており、生物多様性を維持させることができる人々だという事実を考慮しない過激な人々もいる。生物多様性の維持の名の下にその土地から森の民を排除することは間違いではないか。自然界の野生状態でライオンとゾウは上手に同居している。私は自然と人間も共存可能《コイグジスト》だと思っている。人間は自分たちが住む土地において、よき調節役となり均衡を維持することができるはずだ。人間もまた生き続ける権利を持っている。人間も動物と同様の権利を持っている。人間も動物も権利を持ち、片方の権利が他方のそれに勝るということはないのだ。ここメキシコでいわれているように、私たちは母なる大地に対する敬意の中からバランスを見出さねばならない。「高貴な野蛮人」といった俗説について語っているのではない。ロマン主義文学における観念ではなく、相互の益と尊敬のモデル、平和的な共生のモデルを求める考え方について語っているのだ。

以上の議論と並行して、汚染削減についての痛烈な反省がある。すべての人は呼吸する権利を有するし、上海からニューヨークに至る世界のすべての都市において、自動車の数と交通渋滞は限界に達し、持続不可能な様相を呈している。一方で、極冠氷の維持・保全を求めつつ、他方で汚染され人口過剰状態のメガシティ――あらゆる規制から自由になっている

——の拡大を求めることは不可能である。自動車の過剰状態をコントロールするためには、国が低汚染の公共交通機関（地下鉄、バス）を整備しなくてはならないし、同時に排気ガスの出ない電気自動車の生産を増やすこともすべきだろう。

これらのことが機能するためには、世界の規制は下から出てこなくてはならない。下からの声と力の結集が弱まるようなことがあってはならない。世論の意思表示が高まり、それがエコロジカルで社会的な公共の議論の場においてもっと活発化すれば、政府は人々のコンセンサスに対してより注意を払うようになる。これには長い年月を要する。だが、それが唯一の解決法なのだ。計画と具体的なアジェンダを伴った的確な解決策について意思表示し提案し、具体的に練り上げていかねばならない。現時点で私はこれ以外の解決法を思いつかない。

最初、これらの運動には毛沢東主義者とファシストという極端な左翼と右翼がいた。今日とりわけ、社会的なレベルと倫理的レベルにおいては、より多くのコンセンサスが存在する。しかし国際的なレベルにおいて、そのビジョンをしっかりと提示できるような統合されたエコロジカルな運動は存在しない。京都、モントリオール、コペンハーゲン（訳注：第3回（1997年、京都）、第11回（2005年、モントリオール）、第15回（2009年、コペンハーゲン）の一連の気候変動枠組条約締約国会議（COP）のことだと思われる）から15年が経過している。教育を通じてメッセージは人々の間にいき渡ってはいるが、まだ十分ではない。子どもたちは環境についての意識を持っているし、両親にそれを説明することもできる。だが、メッセージが本当に広まり人々の行動が本当に変わるには、もう1世代分の年月を要するだろう。

【注】

（1）フクヤマは『歴史の終わり』（原著1992年）の著者として知られるアメリカの政治学者。

第5章 私はもう1つの世界の夢を描いた

社会的経済《ソーシャル・エコノミー》というものが存在する。私はそれを発見した。今こそ、支配的経済にチャレンジするオルタナティブとして公的にそれを認め、またより広範な大衆もそれを知る時である。そう、この地球と人道性を気遣う倫理性と共通善によって支えられ、より多くの連帯に満ちた世界は総体として可能だ。すべての人間はこのことに対する権利を有しており、それを否定し資源を独り占めする権利など誰にもないはずだ。これは長期的視点に立った責任ある天然資源の利活用を意味する。それはまた、この世界とそこに住む人類の運命の一体的関係を強めること、自然を搾取することのロジックを改善することを求める。これが、多くの社会的経済の経験、特にフェアトレードの枠内で行われていることが成功し始めている理由だ。人々は有機農業やより公正な富の分配という指針に従って前進している。

社会・連帯経済は、社会の中に経済に対してふさわしい場所を与えるという考えに導かれている。今日に至るまで各地で社会的連帯経済が広まりをみせ、人間主義への選択肢を示してきている。人類が本来の人間主義に立ち戻り、大地＝地球の神聖性を回復すべき時が来ている。人間という存在は、財布の中で運ばれるいくらばかりの金銭《ユーロ》や銀行の預金口座で保管される金銭よりも、はるかに価値がある。

写真18　フェアトレードの要諦は単なる収入の向上にあるのではない。もっと重要なことは，民主的な参画，リーダーシップの育成，尊厳の回復，自分たちの将来をみずから切り開く力を実現することである。それは，小規模生産者が質的に善き生活を実現するための新植民地主義《ネオコロニアル》的な構造から抜け出す変革のプロセスである。

真実は1つという考えは誤りである。より良き世界をつくるためにはいくつもの道がある。私たちはあらゆるルートを試し、あらゆる道を歩いてみるべきだ。目の前の選択肢に無関心であってはならない。資本主義はいかなる批判も調整も受容しない頑なな考えに基づいたモンスター以外の何者でもない。新自由主義下では、その誤りを修正したりいき過ぎを認めることすらできない。そこにおける選択肢はただ1つだけ。それは市場《マーケット》という道だという。多国籍企業が突然いい始めた「社会的・環境的責任」などという偽りの口実を信用してはならない。それは世界の現実に直面して、投げ下ろされた覆い隠しの布に過ぎない。こうして大企業は実際には根本的な改革を行わずに汚れなき新しいイメージをねつ造しているだけなのに、自分たちは新しい道を歩んでいるのだと、私たちを信じさせようとする。

現実には、フェアトレード、環境、社会、政治、経済、そしてまた、小規模金融など、すべての事柄が互いに繋がっている。この事実を否定することは生命と人間性そのものを否定することに等しい。フェアトレードに参加するすべてのアクターにとって、環境は根本的な現実である。私たちは、このフェアトレードの仕組みを今では小規模生産者の市場を形成している数多くの同志（農民《カンペシーノ》）と一緒に20年以上も前につくった。私たちは農民に対して公正な賃金を保証しても、長期的には環境を悪化させるようなものを生産することはできない。その逆もまた同様である。

フェアトレードを発展させながら、私たちは社会の不正義を問い、地球の存続にかかわる問題を問うてきた。すべての事象・事柄は互いに繋がっている。私たちが提案しているのは、

写真19　フェアトレードは，草の根からの変革の効果を見てきた生産者と消費者からしっかり支持され，受け入れられた。しかし，拡大に伴いフェアトレードが八方美人的になってきたことは否めない。小規模生産者の生活向上という本来の目的がおろそかになる危機に瀕している。そのため，2011年に小生産者シンボル（Small Producers Symbol）が導入された。このマークは，独立系の財団FUNDEPPO（Foundation of Organized Small Producers）による管理の下，小規模生産者自身によって運用されている。詳しくはwww.spp.coopを参照のこと。

私たちに降りかかるいくつかの病気の治療法である。次世代に対する責任について歩み寄りをしなくてはならないのだ。この動きは草の根から生まれた。まだ十分ではないが、前進している。あらゆることを変えるために、貧しい農民と小規模生産者が自分たちをまとめ上げたのだ。なぜなら、ウルトラ自由主義は上から押しつけられたモデルであり、農民たちのためにはならないからだ。換言すれば、共通の価値観を持った消費者との出会いを可能にする新しい

写真20　フェアトレードを次の段階へと発展させるために，小規模生産者とトレーダーたちは一堂に会した。小規模生産者シンボルは，国内および輸出マーケットの双方で，小規模生産者が作った産品が明確に識別され，自信を持って提供する手助けをしている。現在および将来にわたって，シンボルは環境にやさしいやり方で作られた高品質な産品であることを消費者に保証するとともに，小規模生産者とそのコミュニティに勇気，尊厳，福利をもたらすことに役立っている。

市場《マーケット》を私たちはつくり出したのだ。政府はみずから望んで政策を転換することはないだろう。私たちが政府にそうする義務を負わせなくてはならない。行路を記し、例証をもって導いてきた私の経験がこのことを示している。10万人の人間が路上で何かを要求すれば、彼らは孤立して存在する個々人よりもずっと影響力を持つ。マックス・ハベラーのフェアトレード認証ラベルの成功が世界中で証明してきたように、消費者も自分たちの声が聴こえるよう声を大にすべきだ。

私は、提案すること、議論をすること、下から上方に向けて運動を継続していくことの必要性を信じている。生産者はそうすべきだ。同様に消費者も。そして市場の不釣り合いに憤りを感じている人々も。だが、組織として集団として運動をした方がよい。それがこのことを真剣に成し遂げるための1つの条件だ。そして、地球上のすべての生き物の利益に即した正しい方向へと経済が転換される時、皆にとっての市場、地球の安寧、共通善が実を結ぶだろう。

JUST・US! コーヒー焙煎協同組合について(1)

「世界が直面する諸問題が次第に複雑化する一方、残された解決法は呆れるほどに単純だ。」

ビル・モリソン(2)

10年以上前から、JUST・US! コーヒー焙煎協同組合は国際フェアトレード運動をサポートしてきた。大地の主権、環境に優しい農業、コミュニティ開発などいくつかの基本的なコンセプトとは別に、その到来は急速かつポジティブなものであり、まだ議論の余地はあるものの、フェアトレードは進化してきた。JUST・US! の最近の活動評価において、共同設立者のジェフとデボラ・ムーアは、JUST・US! は常にフェアトレード以上のものであったことを強調した。実際、同組合はグローバルサウスの食料と農民に関心を持ち続けてきた。生産物の質の向上のために農民と一緒に仕事する時、有機認証の取得の支援、あるいは、共同出荷販売の仕組みづくりへの支援にあっても、ＪＵＳＴ・ＵＳ！　は農民とともに彼らの「声を聞き共に仕事をする」団体と表現するにふさわしい存在だった。

グローバルな意味でも、地域においても、食料主権の表明、食料安全保障、土地と水の利用、気候変動などの問題にとっての最も有望な解決策は小規模農場である。ＪＵＳＴ・ＵＳ！　は小規模農場センター（Centre for Small Farms）を立ち上げ、ペレニア社（Perennia）の有機専門家のアヴ・シング博士を招聘《しょうへい》し、組合の小規模農場の持続可能性部門の責任者を務めてもらっている。

ノバスコシア州グラン＝プレを拠点にするＪＵＳＴ・ＵＳ！　小規模農場センターは、ローカル、グローバルの両方のレベルで公正なフード・システムを実現することが可能であり、そのためには、小規模生産者のグローバルな団結と一体感が必要条件だと信じている。その目標に向けて、小規模農場センターは農業者の「出会いと交流の場」としての展示圃場（ＪＵＳＴ・ＦＯＯＤ！　農場）の常駐農業管理スタッフを擁している。この農場は、農業者同士のイノベーションと伝統的な知識体系を重視し、回復性《レジリエント》のある農業に向けた解明に導く知恵を探求する。ＪＵＳＴ・ＦＯＯＤ！　農場は、かつての先住民の人々とフランス系入植者との関係に特別な関心を有しつつ、ミクマク民族（訳注：北米大陸東部に居住する先住民）、アカディアン（訳注：北米大陸北東部のフランス系入植者）、農園主、イギリス系入植者らそれぞれの貢献を承認することを希望する。

「われわれは歩きながら道をつくる」というスペイン語の諺《ことわざ》がある。ＪＵＳＴ・ＵＳ！小規模農場センターは、小規模農業者コミュニティが持続可能性のために傾注しなくてはならないことについて、規範的な存在になろうとは考えていない。むしろ私たちは、農業者たちが集い分かち合い計画を練り行動するための場所を提供したいと考えている。より明確にいえば、私たちは公正なフード・システムの創造を支援することを望んでいるのである。

【注】

（１）（訳注）本書の最初の英語版は同焙煎組合から出版された。

（２）（訳注）オーストラリアでパーマカルチャー（農的生活）の概念を提唱した人物。

◎解　説◎

認証ラベルの向こうに思いをはせる

北野　収

地球はすべての人々の必要を満たすことはできても、すべての人々の欲望を満たすことはできない。

――マハトマ・ガンジー

経済のために人間が存在するのではない。人間のために経済が存在するのだ。

――フランツ・ヴァンデルホフ

この最も小さい者の一人にしなかったのは、わたしにしてくれなかったことなのである。

――新約聖書マタイ福音書

1　はじめに

本書は、Francisco Van der Hoff Boersma (2014) *Manifesto of the Poor: Solutions Come From Below*, Permanent Publications の全訳である。全訳といっても、20×12センチ版でわ

ずか88頁の小冊子である。同書の奥付によれば、本書は２０１０年にフランス語版として出版され、２０１２年にカナダで最初の英語版がＪＵＳＴ・ＵＳ！　小規模農場センターから出版された。翻訳の底本にしたのは２０１４年にパーマネント出版から出版されたイギリス版である。このほかにもスペイン語版（メキシコ）、スウェーデン語版（図1）、イタリア語版がある。フランス語版の出版年からわかるように、本書は２００８年に発生したリーマンショック・世界金融危機の後の２００９年頃に執筆されたと思われる。本文中にたびたび出てくる「危機」とはもちろんそのことである。原書の裏表紙にある紹介文を載せておく。

フェアトレードの共同設立者であるフランツ・ヴァンデルホフによって書かれた『貧者のマニフェスト（*Manifesto of the Poor*）』はフェアトレードがいかにして実践的かつ確実な貧困削減の解決法を展開してきたのかを描いている。農民運動が始まった経緯に関する物語を読み、彼らがどのようにして民主的な協同組合を立ち上げ、中間業者による搾取を絶ったのかを知っていただきたい。結果として、今日、多様なフェアトレード商品が直接家庭に届けられ、世界中で生産者と消費者にとっての公正な価格による輸出取引が行われている。フェアトレードはこの不完全な世界において理にかなったものである。フェアトレードは商品を買うという行為を倫理的で喜びに溢れた行為へと変換する。フェアトレードによって人々は力を取り戻し、よりエコロジカルでバランスがとれた搾取が少ない世界を創ることが可能になるのだ。

図1　フランス語版（2010），スウェーデン語版（2014），英語版（2014）の表紙

出所：Malongo Foundation, Stockholm Stadsbibliotek, Permanent Publishing, 各ウェブサイト。

私は解説文を兼ねた本エッセイを書くにあたり、日常の購買行動のみならず「フェアであること」、「倫理的であること」について、私たちがより深く考えるための道標のようなものを示したいと考えた。それは、「他者を知ること」、「相手のことを理解するように努めること」とほぼ同意である。一読しただけでは、過激な反資本主義のようにとらえられかねないヴァンデルホフの「マニフェスト」および「フェアトレード思想」について、より深い理解を促したいとも考えている。それは、彼とその仲間が命がけの冒険の末に考案したフェアトレード認証ラベルの裏側、あるいは、向こう側に思いをはせることを意味する。

以下においては、フェアトレードの略史とヴァンデルホフの半生を説明した後、私の理解を交えて、フェアトレード思想を理解するためのいくつかの視点を示す。補足として、UCIRI訪問とヴァンデルホフと面会した時の回想を記す。最後に、途上国との関係や開発・発展について考えるときに、私たちに求められるべき視点を提案する。

2 フェアトレードについて

(1) 定義

経済のグローバル化、自由貿易の進展によって、世界各地からさまざまな商品が輸入され、私たちはそれを比較的安価に購入することができるようになった。途上国産品の場合、消費者が安いものを求め、販売業者間の価格競争が激化することのしわ寄せは生産者にいく。もちろん、南北間にだけでなく、途上国内にも権力の腐敗や農民に圧倒的に不利な前近代的取引慣行の残存といった問題がある。生産者側にも品質管理やマーケティングに関する技術や能力の欠如がある場合も多い。これらすべてのことが末端の生産者が不当に搾取される構造につながる（不当に低い賃金、児童労働、発言の権利の剥奪等）。一方、地球規模で展開する多国籍企業が自由貿易の最大の推進役であり、受益者であることも忘れてはならない。少なくとも、私たちの購買行動が途上国の生産者の経済的困窮や諸権利の剥奪に深くつながっていることだけは確かである。

「公正な貿易」を意味するフェアトレードは、「開発途上国の原料や製品を適正な価格で継続的に購入することにより、立場の弱い開発途上国の生産者や労働者の生活改善と自立を目指す『貿易のしくみ』」（FLJウェブサイト）といえる。世界のフェアトレード主要4団体が1998年に合意した定義は次の通りである。「フェアトレードは、対話、透明性、敬意を基盤とし、より公平な条件下で国際貿易を行うことを目指す貿易パートナーシップである。特に「南」の弱い立場にある生産者や労働者に対し、より良い貿易条件を提供し、かつ彼らの権利を守ることにより、フェアトレードは持続可能な発展に貢献する。フェアトレード団体は（消費者に支持されることによって）、生産者の支援、啓発活動、および従来の国際貿易のルールと慣行を変える運動に積極的に取り組む事を約束する」（FLJウェブサイト）。

(2) 歴　史

フェアトレードの歴史については、すでに類書で説明され尽くされている感がある。ここでは、DeCarlo (2007)、山本（2007）、清水（2008）を参考にして、ごく簡潔にまとめておこう。

一般に、フェアトレードの始まりとされているのは、1946年にアメリカでキリスト教メノナイト系の団体がプエルトリコの女性が作った刺繍製品を販売し始めたことである。これが、現在、北米最多の店舗数を誇るフェアトレード団体テンサウザンドビレッジの前身である。1950年代になるとイギリスのNGOオックスファムが香港の中国人難民の手工芸品を教会等で販売するようになった。チャリティ（慈善活動）的傾向が強かった初期のフェアトレードは食料品でなく、工芸品や織物製品が中心であった。

欧米諸国を中心に、人権、女性、環境、反戦、反核等に関する社会運動が活発化した1960年代後半から1970年代にかけては、南北市民間の連帯を志向する市民レベルのさまざまな取り組みが展開された。チャリティから社会変革を自覚的に志向する団体が増えた時期であった。1969年以降、ヨーロッパではワールドショップとよばれる途上国産品の専門店が出店されるようになる。当時は、既存の貿易システムの変革というよりは、既存の貿易とは別《オルタナティブ》の販売網を通じて支援先の生産者と直接取引をするオルタナティブ・トレードの考えが主流であった。コーヒー等の農産品・食品の取り扱いが始まるのもこの頃である。

1980年代になると、自由貿易を理想とする新自由主義的な改革が世界各地で相次ぐようになる。例えば、国際コーヒー協定の経済条項（輸出割当制度）は1989年に廃止されている。1985年にTWIN（第三世界情報ネットワーク）の代表が世界で初めて「フェアトレード」という言葉を使ったという。そこには、自由貿易を標榜する貿易システムは実はアンフェアであり、それをフェアなものに変えていくという含意がある。1990年前後にフェアトレード認証ラベル諸団体が設立され、また、ヨーロッパ・フェアトレード連盟（EFTA、1987年）、国際フェアトレード連盟（IFAT、1989年）、ヨーロッパ・ワールドショップ・ネットワーク（NEWS!、1994年）、国際フェアトレードラベル機構（FLO、1997年）、上記4団体のネットワークであるFINEの設置（1998年）など、国際的な団体のネットワーク化が進展した。

1990年代以降、欧米ではフェアトレード製品が大手スーパーマーケット、大学生協等でも扱われるようになった。さらに、２０００年代になるとネスレやスターバックス等の大企業がフェアトレード製品の取り扱いを開始する。これにより、ワールドショップに足を運ばない一般消費者へと購入層が拡大していった。これはフェアトレードのメインストリーム化と呼ばれている。近年では、ファッション、化粧品、サッカーボールなど、フェアトレード商品のアイテムが広がっている。

フェアトレードの歴史は常に複数形の歴史（histories）としてとらえるべきである。この歴史の背後にある見逃すべきでない事柄は、少なくとも１９８０年代までは国際機関や政府や大企業によってではなく、南と北の「普通の人々」が連帯し提携することによって形成されてきた貿易パートナーシップが結果として、今日「フェアトレード」と呼ばれるようになってきたという事実である（DeCarlo 2007）。この構図は、１９７０年代以来、日本各地で展開されてきた農業者と消費者とのパートナーシップによる有機農産物の産消提携運動に多くの点で共通している（辻村、２０１３）。

（3）認証ラベル

フェアトレードのメインストリーム化は認証ラベル制度によるところが大きい。世界で流通するフェアトレード製品の約9割が認証型フェアトレードである。残りは、生産者とフェアトレード団体の直接的な関係に基づく提携（連帯）型フェアトレードである。フェアトレード認証ラベルには、製品に対する認証と団体に対する認証がある。前者の例として、ヴァンデルホフとUCIRIとオランダのNGOが1988年に考案した世界最初の認証ラベル、マックス・ハベラーの流れを汲むフェアトレード・インターナショナル（FLO）の認証制度について説明する。フェアトレード認証とは生産者と消費者以外の第三者機関が国際フェアトレード基準（**表1**）を満たしているかを審査し、それに合格したもの（FLOの場合は製品）にラベル（フェアトレードマーク）を付けるという制度である（**図2**）。フェアトレード・プレミアムとは、現地生産者組合等を通じて、経済開発、社会開発、教育、環境保全のために使われる資金のことである。ヴァンデルホフがいうように、生産者を搾取することのない公正な価格で取引をするということは本来当然のことであり、プレミアムは寄付や募金でなく私たちの本来的な責務だといえる。

FLOと並ぶもう1つの主要なフェアトレード認証の仕組みが国際フェアトレード機構（WFTO）である（**図3**）。こちらは、マックス・ハベラー発足の翌年の1989年に設立された国際オルタナティブ・トレード連盟を母体とする団体である。コーヒーのフェアトレ

表1　国際フェアトレード基準の概要

経済的基準	社会的基準	環境的基準
フェアトレード最低価格の保証	安全な労働環境	農薬・薬品の使用に関する規定
フェアトレード・プレミアムの支払い	民主的な運営	土壌・水源の管理
長期的な安定した取引	労働者の人権	環境に優しい農業
前払い	地域の社会発展プロジェクト	有機栽培の奨励
	児童労働・強制労働の禁止	遺伝子組み換え(GMO)の禁止

出所：FLJウェブサイト。

図3　WFTOのマーク

出所：World Fair Trade Organizationウェブサイト。

図2　FLOの認証ラベル

1988年誕生のマックス・ハベラーのデザインを踏襲

出所：Fairtrade Internationalウェブサイト。

ードから始まった食品中心のＦＬＯとは異なり、ＷＦＴＯはもともとオルタナティブ・トレードの団体であったことから、扱う製品は手工芸品や衣料品が中心である。ＷＦＴＯが定める10の基準を満たした団体にマークを付与するものであったが、２０１３年のＷＦＴＯ世界会議で製品にマークを付与することが「保証システム」として認められた（ＷＦＴＯウェブサイト）。

消費者からみればフェアトレード認証は人権、環境　安全性にかかわる地球規模のトレーサビリティの仕組み（伊藤、２０１０）だといえる一方で、さまざまな批判や議論がある。ヴァンデルホフも本文で述べるように、この便利でわかりやすいアイデアは、数多くの「フォロワー」を生み出した。その中には、最低価格保証を伴わない疑似フェアトレードラベルも存在した。「エコ」であっても「フェア」ではないラベル、小規模生産者だけでなく相対的に規模の大きな生産者も恩恵を受けてしまうラベルである（いわゆる「グリーンウォッシュ」、「フェアウォッシュ」、「フェアトレードライト」）。特に、当初から製品認証を行ってきたＦＬＯの認証ラベル制度にはさまざまな批判もあることは事実である。団体認証でなく製品認証という仕組みは一般の消費者にとっては非常にわかりやすい。企業全体としてはそれほどフェアトレードに真剣に取り組んでいなくとも、手続きをクリアすれば、フェアトレード商品をわかりやすく販売することができる。経済のグローバル化、自由貿易の最大の受益者である多国籍企業がフェアトレード製品を販売することも可能である。これはヴァンデルホフ自身が目指した方向性、世界観とは異なるものであった。ともにマックス・ハベラー設立に関わったニコ・ローツェンは、現在はヴァンデルホフと袂を分かち、より大企業向けのＣＳＲ的なアプローチに転向したという（北澤、２０１１）。ただし、西欧でのＣＳＲのとらえ方は日本でのそれとは異なる。ヴァンデルホフは本書の中で、認証ラベル云々にはあまり触れず、社会的連帯経済（後述）の重要性を説いている。そこには、かつての盟友へのメッセージが含まれているはずだ。

　ＦＬＯの日本における認証機関であるフェアトレード・ジャパン（ＦＬＪ）によれば、大企業を排除するのではなく、とにかくフェアトレードを「始めてもらう」というスタンスをとっているという（ＰＡＲＣ、２０１４）。

3　ヴァンデルホフの半生

「この本を手にした方へ」で、「ヴァンデルホフがいかなる時代をどこで生き、どのような現実を見てきたか、何を経験し、何を想い、その結果この思想を見出したのかについて、想像しながら読んでいただきたい」と書いた。実は、私はヴァンデルホフの半生を書くほど彼のことを知らない。ヴァンデルホフの略歴については、原書から訳出した「著者について」のところでも触れられているが、ここではインタビューや文献で知り得た断片的な知識をもとに、私から若干の補足をしておきたい。

ヴァンデルホフは1939年にオランダの借地農民の家に生まれた。15人兄弟（16人という説もある）の6番目であった。両親はもともとオランダ北部のフリジアの出身であり、家族は家庭ではフリジア語を話していた。一家にとっての母語はフリジア語であり、オランダ語ではなかった。後に、先住民と暮らすようになった彼は、母語としての先住民族言語の大切さを説く。8歳の時の記憶として、朝4時に起きて搾乳をするなど、農場のすべての仕事を手伝っていたという。一家は厳格なカトリック信者であり、学校もカトリック系の学校に通っていた。

幼少期の経験は彼の考えに多大な影響を与えたという。それは、貧困と戦争である。借地農民は富裕者から蔑まれ、地主はホテル暮らしをしていた。一家が暮らした地域はドイツ軍に支配され、その後、イギリス軍が入ってきた。子どもの頃、戦争の犠牲者の遺体や破壊された建物の残骸を目にしたこと、それらの片づけを手伝った記憶は忘れることができないと語る。10歳の時、聖職者になることを決意した。

神学校、兵役を経て彼は大学で経済学を学ぶ。1969年に第1回ノーベル経済学賞を受賞したヤン・ティンバーゲン教授からも途上国の開発問題について学んだ。学生運動に参加し、マルクス主義思想にふれた。カナダのオタワ大学で短期間教鞭をとった後、1970年に南米チリに移り、労働司祭としての実践活動に入る。当時、チリを含むラテンアメリカで勃興していた解放の神学（後述）に出会う。チリではサルバドール・アジェンデ政権による社会主義的な政策が行われていたが、1973年9月11日のピノチェト将軍による軍事クーデターにより、軍政が敷かれるようになると、チリにとどまることはできなくなった。事実上の「難民」としてメキシコシティに移り、再びスラム街で労働司祭としての生活を送った。メキシコシティ時代にヴァンデルホフはイタリアのアントニオ・グラムシの思想を学び始めた。当時のメキシコのエチェペリア政権も労働運動の弾圧や治安維持の強化をしていた。自分の身に危険を感じた彼は、司教の勧めに従い、メキシコ南部のオアハカ州テワンテペック地峡地域の山岳部の村に移った（図4、図5）。1980年頃のことである。

そこで彼が観たものは、コヨーテと呼ばれる仲買人に脅され、搾取され、極貧にあえぐコ

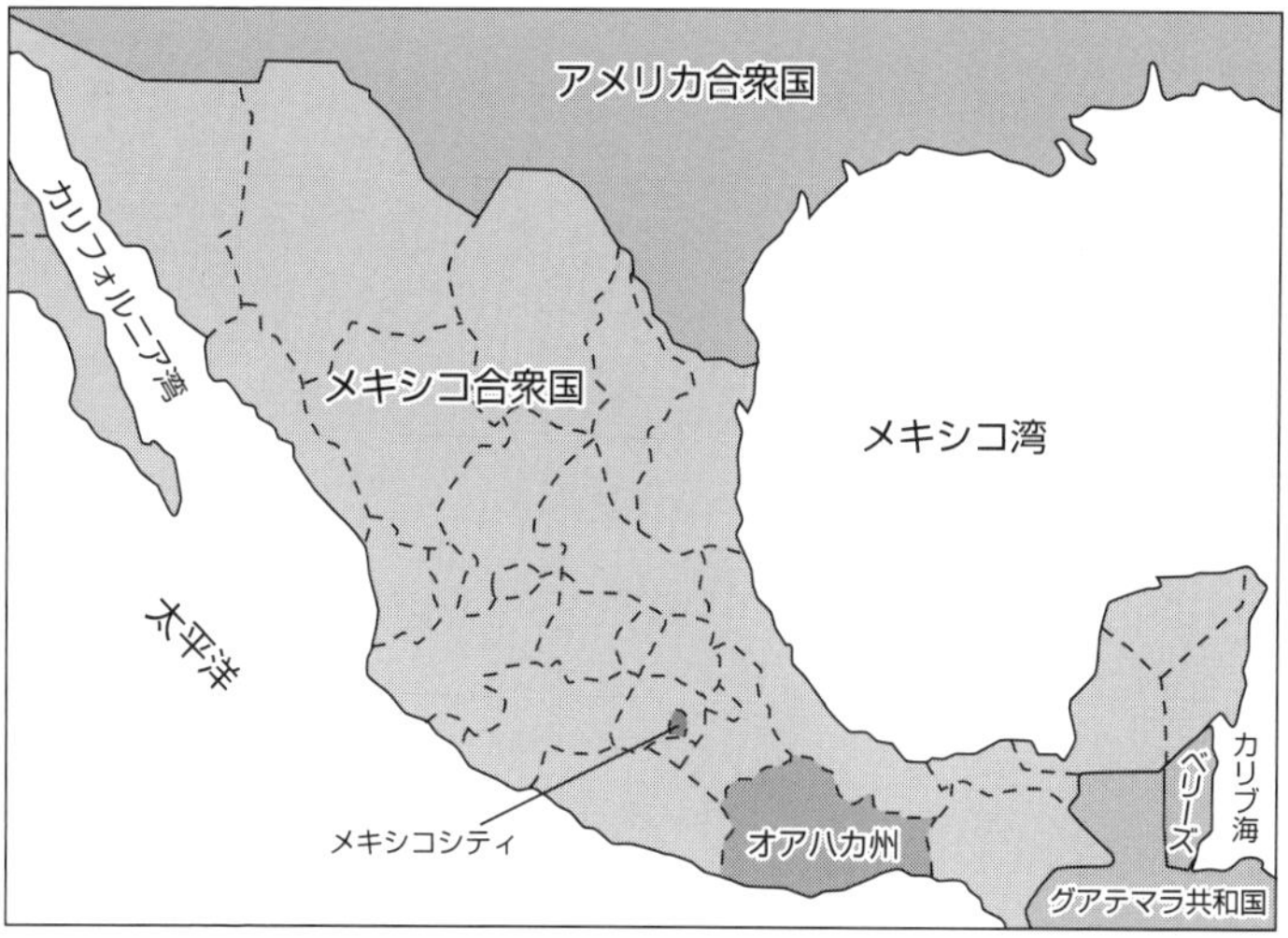

図４　オアハカ州の位置

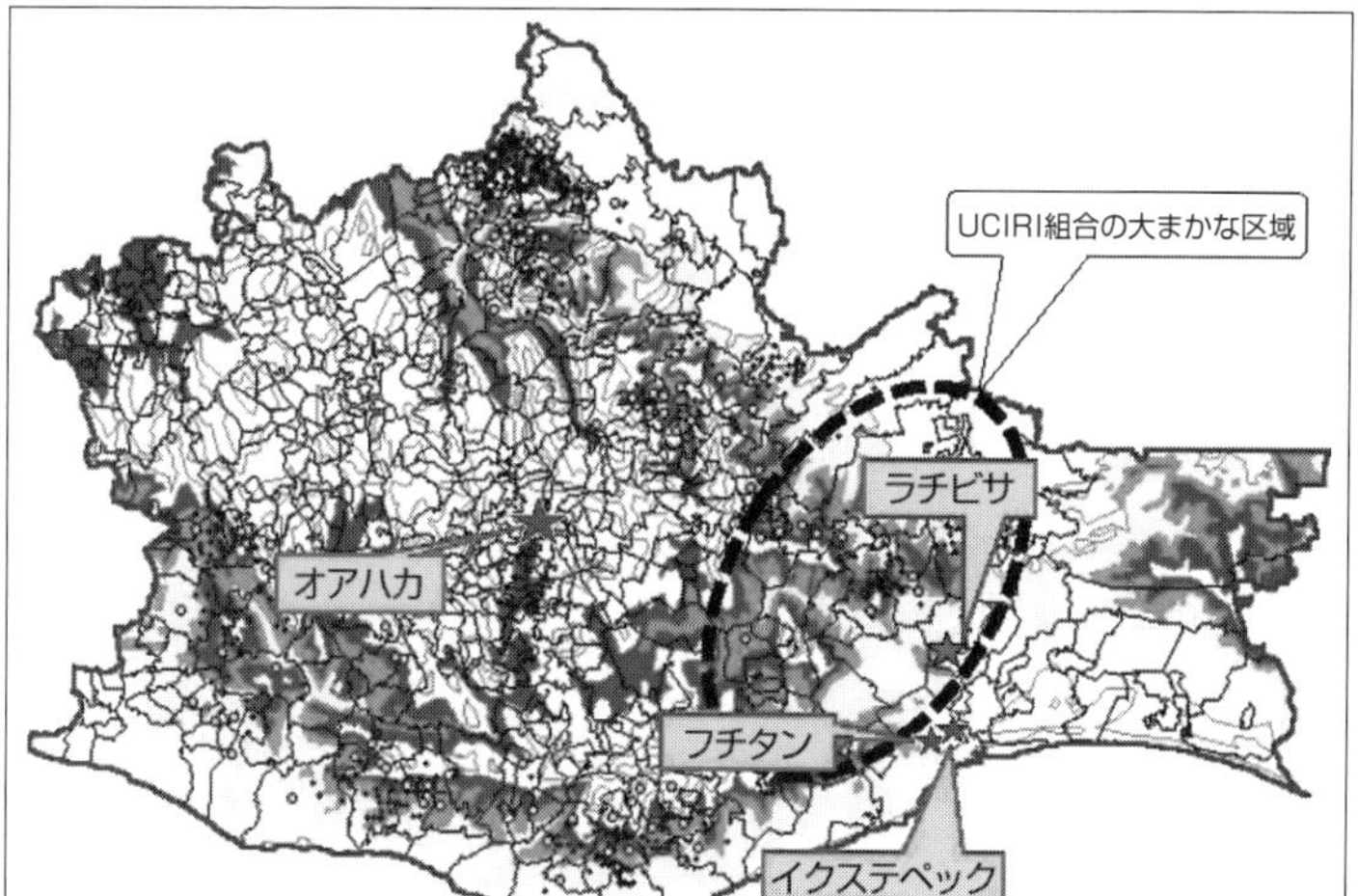

図５　オアハカ州とUCIRI組合の区域

ーヒー農民たちの暮らしであった。だが、農民は経済的には「極貧」であっても、精神的には豊かであり、問題解決のための行動力や知性を備えていることをヴァンデルホフは見抜いた。彼は農民から土地を借り、謙虚に農作業と先住民言語を教わる道を選んだ。ある農民は言う。「〝五年間口を開かず、聞く生活〟。聞くだけで異なる文化のすべてを知る。いきなりやって来て、言いたいことばかりを言うことはできません。（略）彼はそれをよくわきまえていたのです」（北野、２００８：96頁）。「五年間」というのは一定程度の長い年月という比喩だが、現地の人々に溶け込もうとした謙虚な努力を通じて、農民からの信頼を得ていくのである。本文第2章の中に「３　貧困は天罰ではない」の節がある。当時、コーヒー農民の多くは「貧困は神による天罰」だと考えていた。土着信仰との習合があるとはいえ、彼らの多くはカトリック信徒である。

地元司教の勧めにしたがい、農民とヴァンデルホフはコーヒーの価格調査を行った。農民は、コヨーテによる搾取の実態を理解するようになった。ヴァンデルホフたちは、経済的自立をするためコーヒー生産者組合の設立に向けて動き出したが、既得権益が侵されることを望まない勢力（コヨーテおよび協力者）によってさまざまな脅しや妨害工作にあったという。7年間で39人の同志を暗殺等によって失い、ヴァンデルホフ自身も何度となく身に危険を覚えた。１９８１年に前身となる組合がスタートし、１９８３年にＵＣＩＲＩ組合（イスモ地域先住民共同体組合）が設立された。今では、オアハカ州東部の55のコムニダ（村落）の

写真１　世界初のフェアトレード認証コーヒーの献上を受けるクラウス殿下（左から２人目），手渡すのはノーベル経済学賞のティンバーゲン教授（右端，1988年11月15日）

出所：ANP Historisch Archief Community.

２５００世帯以上の組合員から構成され、サポテコ、ミヘ、チョンタル、チャティーノ、ミシュテコなどの先住民族が含まれている。組合の標語は「団結」、「組織」、「良心」の３つである。

　世界初のフェアトレード認証ラベル制度（マックス・ハベラー、現国際フェアトレードラベル機構（FLO, Fairtrade International））は、このＵＣＩＲＩ組合とオランダの開発ＮＧＯソリダリダードとの出会い、その代表であるニコ・ローツェンとヴァンデルホフ・農民との交流に端を発している。１９８８年11月にマックス・ハベ

ラーコーヒーが発売された（Roozen and Vanderhoff 2002=2008）。オランダ王室のベアトリクス女王の夫のクラウス殿下に世界初のフェアトレード認証コーヒーを献上したのは、かつてヴァンデルホフが途上国の貧困問題について学んだヤン・ティンバーゲン教授であった。UCIRI組合設立と世界初のフェアトレード認証ラベルの制度化に至る苦難の道のりは、ローツェンとヴァンデルホフの著書『フェアトレードの冒険』（Roozen and Vanderhoff 2002=2008）で読むことができる。

欧州での数々の叙勲などの栄誉に恵まれたヴァンデルホフは、今では、先住民族サポテコ民族とミヘ民族の長老でもある。「私は外国人だから」というヴァンデルホフに対し、推挙した長老の1人はこう言った。「私たちは生まれながらのインディオだ。でも貴方もインディオになった」。きっと、このことはヴァンデルホフにとっての「最高の栄誉」だったに違いない。

4 「フェアトレードの思想」を考える視点

(1) 共同体的公共性・個人・文化

私たち日本人にとって、途上国・地域における生産の現場を想像することは容易ではない。一言で現場といっても多様であり、地域や作物の種類によっても、大規模経営か小規模家族経営か、あるいは自給的な営みかによっても、文脈はまったく異なるだろう。ここでは、ヴァンデルホフの文脈に限定して現場について考えたい。ここでいう「現場」とは、地形や立地条件ではない。現場の人々の価値観や文化であり、それらに対するヴァンデルホフの立場である。

第1に、ヴァンデルホフはテワンテペック地峡の先住民は公共性という概念を最も理解している人々だと考えている。これは後述する西欧市民社会における「公共性」とはニュアンスが異なる。もともと、彼らには農地や森林に対する私有概念はなかった。近代的な法制度に支配されている現代においても、彼らの中には共同体的なモノの観方、考え方が深く根付いている。一見、非合理的に見える彼らの考えや方法は実は非常に賢く合理的なものだとヴァンデルホフは考えている。そこに西欧近代的、先進国的な制度や概念をそのまま移転することは民主的でないという。ヴァンデルホフは「有機栽培、高品質性、日陰栽培、生物多様性の増大、大切な天然資源の保全、清流の維持、生産システムの多様化など、彼らは自分たちの財を共有的に管理する術を非常に賢いやり方で練り上げてきた。公共財の管理の問題に現実に向きあったとき、私たちは基本的な問いを尋ねるだろう。誰がこれらの財を私有財だと言い出したのか。もっと簡単に言えば、誰が私有財を発明したのだろうか」と問う（北野、2008、100〜101頁、字句一部修正）。

第2に、個人がよりよい社会の建設のために、人間個人が相互に尊重し合う対話と倫理観に基づく性善説的な個人主義を支持する。しかし、ここでいう「個人」は社会的な存在であり、自己利益の増大を追求する合理的経済人とはまったく違う存在である。ここでいう「個人はそれぞれ完全に独立したものではなく、むしろコミュニティにおける社会的関係のなかに個が存在している」（101頁）という非西欧的な個人観である。これは後段で説明する解放の神学に親和的な考えである。

第3に、文化と言語は先住民にとって非常に重要だと考える。ヴァンデルホフは先住民が

写真２　UCIRI哲学を表わす家族と大樹の絵
（左下にマリア像）
（UCIRI組合本部事務所，北野撮影）

母語としての言語を使い続けることを非常に重要視する。それは、彼自身がオランダにおける言語的マイノリティだったことと無関係ではない。「UCIRIの重要なルールの1つは文化だ。我々は文化を支えなくてはならないが、フォルクローレとしての文化ではない。彼らはテレビの存在をすでに知っている。（略）彼らは相当程度まで開発を享受している。文化がフォルクローレ化されてしまったら、その文化は過去のものとなる」（102頁、字句一部修正）というわけだ。この意味においては、ヴァンデルホフは保守中の保守といえるだろう。だが、彼は国家主義者ではない。農民あるいは山の民の側に立つ大地にしっかりと根を降ろした筋金入りの農本主義者である。国家主義者＝保守、すなわち、権力層の既得権益を守ることを保守と呼ぶ慣用的語法の妥当性について、考えてみる必要がある。

以上でみた共同体的公共性、社会の中の個人間の対話、日常生活の中の文化と言語という3つの視点を尊重する立場を採るならば、「市場機能を神聖視し、その万能性の発揮に対して干渉・障害になるあらゆるものを排除」する新自由主義をヴァンデルフホフが厳しく批判する理由が見えてくる。現代の新自由主義は「アダム・スミスの倫理に基づくリベラリズムから大いに逸脱したものである。新自由主義は広範な社会的プロセスに根差した人間を想定せず、ただ社会的責任を果たさない個人を前提としている」（103頁）と彼はいう。すなわち、倫理なき個人を前提とした社会契約説を採る一方で、私有制を前提として公共財の収用や売買の権利を平等にするのは、大いなる矛盾であり、権力者あるいは1パーセントの人間のための理屈に過ぎないということになる。

国際的な議論においても、食料安全保障世界サミット（2009年）、2014年国際家族農業年のための国連における一連の調査研究の中で、食料安全保障、食のバランスの確保、生物多様性、自然資源の持続的利用、コミュニティの再生等の点から、先住民小農を含む小規模家族農業の重要性が確認されている（HLPE 2013=2014）。

(2) 社会的連帯経済

消費者に対するトレーサビリティ情報の開示以上の意味がフェアトレードにあるとしたら、それは何か。答えの1つは、社会的連帯経済(social solidarity economy)、もしくは、社会・連帯経済(social and solidarity economy)ではないだろうか。ヴァンデルホフらがつくった認証制度は、大手企業のCSRの一環として利用されることが多い認証型フェアトレードの隆盛へとつながったが、フェアトレードというからには生産者と消費者との間の支え合い・分かちあい、提携・交流、すなわち、広い意味での社会的連帯という側面が必要ではないか。

社会的連帯経済は市場原理よりも人と人とのつながりを重視する経済で、「生産者、労働者、消費者、市民らの連帯に基づく集合的行動を伴った社会的な目的あるいは環境的な目的にプライオリティをおいた経済活動」をさす(Utting 2015: 1)。具体的な活動・取り組みとしては、フェアトレード、小規模金融、参加型予算システム、農産物の産消提携、北米のビック・アグリカルチャー、地域通貨、ワークシェアリング、各種のコミュニティビジネス、CSR(企業の社会的責任)活動、さらには、被災地復興のための市民間の協働が含まれる。

「連帯」と「社会的経済」という言葉はいずれも19世紀のフランスで生まれた。以下、西川（2007）を参考に社会的連帯経済の歴史を概観する。連帯という言葉の祖とされるフランスの社会学者エミール・デュルケームは、伝統的な農村共同体における人と人とのつながりとは異なる自立した個人の分業に基づく「組織的有機的連帯」という概念を述べたが、弱者との連帯というニュアンスは希薄であった。

同じフランスで、資本主義の展開による顕在化してきた貧困、格差等の問題を是正するため「社会的経済」という言葉が用いられるようになった。ここには、「社会組織によって経済の歪みをコントロールする」（13頁）という考えがある。1905年にフランスの経済学者シャルル・ジードは『社会的経済』という本の中で、「社会的経済及び連帯経済」という非営利活動と利潤の公正な分配を念頭においた概念を示した。社会的経済がミクロレベルの非営利活動・社会事業を意味する一方、連帯経済はマクロレベルでの社会的連帯につながる経済組織を念頭においた。ジードはミクロレベルの活動がマクロレベルの活動につながると考えた。カトリックの流れの中からキリスト教社会主義の動きがでてきたのも、19世紀フランスであった。

20世紀末以降の小さな政府、自由貿易の促進を掲げる新自由主義の台頭、主流化により、いわゆる経済のグローバル化が進展する。その最大の受益者はいうまでもなくグローバル多国籍企業だが、私たち先進国の消費者もその恩恵を多分に受けている。一方、利益至上主義による競争の激化等を背景として、南北間・南南間の経済格差、環境問題、労働・人権問題がグローバル化の負の側面として、とりわけ21世紀に入ると認識されるようになった。小さな政府による公的サービスの縮小の結果、皮肉にも非営利セクターの量的拡大を先進国と途上国の双方において生み出した（西欧諸国のアソシエーション、日本のNPO、途上国のローカルNGO等）。

現代において、連帯経済、社会的連帯経済という言葉は、「連帯経済を推進する国際ネットワーク（RIPESS）」会議（1997年、ペルー）、「連帯経済ワーク・グループ（WSSE）」会議（1998年、ブラジル）、「世界社会フォーラム（WSF）」（2001年、ブラジル）を経て、ラテンアメリカ、ヨーロッパのみならず世界各地で注目されるようになってきた。国連の取り組みとしては、国連社会開発研究所（UNRISD）と2013年に設置された社会・連帯経済に関する国連機関間タスクフォース（UN Inter-Agency Task Force on Social and Solidarity Economy）において調査研究が進められている。

社会的連帯経済はミクロレベルでの非営利活動だけでなく、文化面や国レベルと現場レベルでの中間領域というメゾレベル、そして、フェアトレードに代表されるような国際レベル、マクロレベルの活動からなる多元的な概念だといえる。

かつて、アルバート・ハーシュマンが『連帯経済の可能性――ラテンアメリカにおける草の根の経験』（Hirschman 1984=2008）で述べたように、ラテンアメリカでは貧困者の相互扶助活動を「連帯経済」と呼んできた。西欧では「社会的経済＝非営利経済」というニュアンスがある。近年、グローバル資本主義の暴走という対抗軸との関連から、「連帯《ソリダリティ》」と「社会的《ソーシャル》」という2つのSが持つ含意の共通性が着目されるようになり、とりわけ前述の世界社会フォーラム以降、志をともにする人々の学び合いの結果、社会的連帯経済というより包括的な用語へと発展したと考えられる（西川潤氏、斎藤文彦氏の指摘）。

社会的連帯の空間的範囲は重層的である。究極的には地球全体の「地球市民」の連帯が志向されるべきフェアトレードにおいても、途上国内の市場開拓などを含めて国内フェアトレードや南南フェアトレードにも関心が払われなくてはならない。一般的なフェアトレードの分類として認証型フェアトレードと連帯型フェアトレード（提携型ともいう）の2種類があるとされるが、こうした二項対立的な分類があること自体、ヴァンデルホフにとっては不本意なことに違いない。

現代の日本社会には、社会的連帯なる概念にとって大いなる逆風が吹き荒れているようにもみえる。その理由として、新国家主義と新自由主義の結合、ヘイトスピーチに代表される排外的ナショナリズム、「市民的」なものを異端視する風潮、全体主義的なものへの渇望を例示すれば十分だろう。しかし、世界の実態（とりわけラテンアメリカ諸国の動向）と人間の歴史が示すように、社会的連帯への認識の高まりは上からの画一的なルールによって惹き起こされる歪みの増大に連動してきた。社会的連帯経済は既存の政治経済システムに完全にとって代わることはないかもしれないが、両者間の建設的な緊張関係は人間社会と市場システムの健全な発展に不可欠だと考えられる。

(3) ラテンアメリカの解放の神学

本書で頻繁に出てくるthe poorという言葉は、日本語での文脈に応じた語感を考慮しつつ、「貧者（たち）」、「貧しき者（たち）」あるいは「貧困者」、「貧困層」と訳した。ヴァンデルホフがいう貧困にはネガティブな意味とそうでない意味の両方があるが、どちらにせよ、百パーセント・ネガティブな意味では使われていない。そこには、世界銀行等の国際機関や開発経済学の教科書で使われている経済的次元での貧困概念とは違ったニュアンスがある。これを理解するには、キリスト教、とりわけ、ラテンアメリカの解放の神学について知っておく必要がある。

ペルー人カトリック司祭グスタボ・グティエレスによって「解放の神学」（*Teología de la Liberación*）という言葉がラテンアメリカで初めて使われたのは1968年8月にコロンビアで開催され、解放の神学が公に認められたとされる第2回ラテンアメリカ司教会議（メデジン会議）の数週間前であった（Berryman 1987=1989: 24）。しかし、この命名のはるか以前からそれは始まっていた。1950〜60年代に、解放の神学はすでに存在していた。以下、Berryman（1987=1989）、L. Boff and C. Boff（1987=1999）、山田（1992）を参考に概観する。

1950〜60年代、ラテンアメリカの多くの国々で採用された輸入代替工業化政策・国家コーポラティズム（注：従来、先進国から輸入していた工業製品の国産化によって代替させ（国営企業の振興を含む）、近代化を図ろうとした政策）の恩恵は都市中産階級にとどまり、激しい貧富の格差は放置された。ラテンアメリカの少なくない国々で、アメリカ傀儡《かいらい》ともいえる反共軍事政権が成立し、社会主義者への弾圧があった。こうした中で、カトリックを中心とする司祭や修道女たちが、都市スラムや農村貧困地域に入り、庶民と生活をともにしながら聖書を学び、コミュニティ・オーガナイザーやソーシャル・ワーカーとして活動しはじめた。ヴァンデルホフもその1人である。メキシコシティで労働司祭をしていた頃、ヴァンデルホフはイタリアの思想家、アントニオ・グラムシ（1891〜1937）に傾倒した。グラムシの言葉に「有機的知識人」という概念があるが、これら聖職者は有機的知識人の代表例といえる。こうしたプロセスの中から、キリスト教基礎共同体という草の根の組織が各地にできた。解放の神学は、古典的な聖書の解釈に固執するのではなく、実践を通じた社会変革志向が強い。カトリック組織上層部には、組織末端における体制批判として映ったに違いない。ラテンアメリカの解放の神学は、マルクス主義と経済学的にはいわゆる従属理論に親和性を有していた。東西冷戦の時代にあって、アメリカを含む多くの国の政権からは社会主義勢力視された。ヴァンデフホフも何度か生命の危険を脅かされている。一時、バチカン法王庁からも危険視された存在であった（例：1984年9月の文書、その後「和解」）。冷戦後、解放の神学によって形成されたネットワークの多くが、非政府セクターへと生まれ変わり、いわゆるローカルNGOとして、ラテンアメリカにおける市民社会と社会経済開発の担い手として、人権、環境、農業、ジェンダー等の分野で活動をしている（北野、2008）。

解放の神学が想定した真の発展とは、「個々の人間や人間全体にとってより人間的な状況へと移行すること」だという（Berryman 1987=1989: 23）。解放の神学のパイオニアのひとりであるグティエレスによれば、貧困（貧しさ）の聖書的意味には3種類あるという。

第1は、非人間的で恥ずべき情況としての貧困=欠乏である。『〈第三世界〉神学事典』（Fabella and Sugirtharajah 2000=2007）によれば、ラテンアメリカを含む第三世界の神学は、貧困、搾取、虐待、暴力、疎外等のあらゆる種類の「抑圧を個人の感情的、あるいは心理学的痛みを超えて、構造的あるいは組織的な社会の諸条件を示すものと見なす」（295頁）という。これらは、聖書とは「相容れない非人間的状況」（256頁）であり、不正義な状況である。その不正義は「制度化された暴力」（270頁）によってもたらされた結果である。貧困者はみずからの怠惰によってその状態に陥ったのではない。そして、貧困者もまた「神の子」であるならば、彼らを助けることはキリスト者の使命となる。ここでいう助けとは、チャリティとしての支援ではなく、構造的暴力の根幹である社会構造、政治経済構造を変革すべく権力と対峙するという意味を含む。

第2は、神の前での霊的幼さ=素直さ（質素で慎ましく謙虚であること）としての貧しさである（Gutiérrez 1972=1985: 290-300）。不正義で非人間的な状況である「貧困」とは別のこの貧しさは、キリストにしたがう者としての「貧しさ=清貧」であり、「質素、充足、人間と生態秩序の尊重に基づいた生活」に関することであり（Fabella and Sugirtharajah 2000=2007: 256）、人間社会が本来的に備えていたある種の美徳だといえる。これは、特にアジアの解放の神学でいわれていることだが、ラテンアメリカの解放の神学にも共通する考えである。ヴァンデルホフの文章でこの種のthe poorについて言及された箇所は、私は意識的に「貧者」、「貧しき者」と訳した。本文でたびたび使われる「尊厳ある貧困」という表現もこれに通じる。

第3は、「連帯へのコミットメント」の前提としてのイエス自身の貧困である。これはイエスが豊かな神の国から救世主として人間界に使わされ、進んで貧しさを引き受けたことが示す含意だと考えられる（Berryman 1987=1989: 36）。

ラテンアメリカの解放の神学は、一神教のキリスト教でありつつも、先住民の土着自然信仰に対して寛容的である。キリスト教全般との相対論だとしても、西欧的「個人」よりも、伝統的な先住民共同体を尊重する傾向がある。「一神教の世界観に支配された欧米のキリスト教文明は多様性に不寛容で自然と人間を対立的にとらえるが、多神教的世界観が支配的な東洋文明は人間を自然の一部と見なす」といった単純化された二項対立的な説明をよく耳にする。少数派であっても、キリスト教にも自然や共同体、あるいは女性や性的マイノリティに対して寛容な考えが存在する。その一方で、多神教が支配的な社会（国）でも、利潤追求のための自然破壊や構造的暴力の蔓延がある。むろん、原理主義的キリスト教右派もいる。イスラム教、キリスト教、ヒンズー教、仏教、アミニズム等々、どんな宗教あるいは信仰であっても、他宗教をオリエンタリズム（Said 1978=1986）またはオクシデンタリズム的構図の中で表面的にとらえ蔑視する態度を脱し、できるだけ偏見を排して、それぞれの中にある多様性を認め、人々の考えや信仰の本質と共通項＝普遍性を理解するよう努めたいものである（注：オリエンタリズムとは異質性に基づき構築されたイメージ（例：西洋からみた東洋）が固定観念化されること。「異質」とされた人々自身もそれを無批判に受容してしまう。オクシデンタリズムとはこれと同様の固定観念の構図に基づく反西洋主義）。

本書において、ヴァンデルホフ自身は「解放の神学」という言葉を使っていない。むしろ、徹頭徹尾、宗教的・神学的な言葉や表現を避けて書いたと思われる節がある。しかし、彼の実践や文章の行間からその強い影響を読み取ることができる。若きヴァンデルホフが学び、生きた時代と場所（チリ～メキシコシティ～テワンテペック地峡）は、まさに、解放の神学が誕生し展開していった空間そのものであった。解放の神学の影響は、ＵＣＩＲＩ農民の次のような言葉からも窺い知ることができる。「私たちのために組織をつくろうとした人たちのお陰で、私たち生産者はコーヒーを輸出用に販売することが可能になりました。（略）神のみ言葉に従い、私たち組織は気づいたのです。何人かの神父様がここに来て、私たちに自覚を促したのです」。「非常に大切なことは、私たちを支えて下さる神のみ言葉という手段で組合をつくったということです。カトリックに特に偏るというわけでもなく、とても一般的な方法で、聖書の勉強もしています」（北野、２００８、98頁、字句一部修正）。

　カトリック神学と社会正義という文脈において、もう1つ、ラテンアメリカの解放の神学よりも早く、戦時中の１９３０～40年代にフランスで始まった「新しい神学」の運動がある。カトリック左派による労働者・経済的困窮者の連帯を志向する共同体運動である。卓越したイタリア文学者で没後も根強い人気を持つ作家の須賀敦子（１９２９～１９９８）は、１９５０～70年代にフランス、イタリア、日本でこの運動に直接かかわった経験を持つ。須賀は、「下層階級の出であったイタリア人の夫の家族を念頭に「『貧しさ』は金銭的な欠乏によってもたらされるのではない。（略）生への意欲を奪ってしまった不幸に由来するものだ」と表現している（須賀、１９９５、湯川、２０１５：１８３頁、傍点北野）。この表現はもっぱらイタリアの家族や友人らの生活世界への須賀自身の深いかかわりと観察から紡ぎだされたものであるが、その背後に神学的考察があることは確かである。

かたや、ヴァンデルホフがいう「誇り高き貧者」たちは、金銭的には欠乏状態にありつつも、希望と戦略を伴って「生への意欲」を奪回すべく連帯する人々のことである。

もちろん、すべてのフェアトレードが解放の神学につながる訳ではない。また、解放の神学はカトリックだけでなく、プロテスタントにも存在する。これには、北米の黒人（解放）神学（梶原、1997）、日本の被差別部落問題に取り組んだ「荊冠の神学」（栗林、1991）なども含まれる。

(4) 欧米社会におけるチャリティと市民的公共性

ヴァンデルホフの強気な主張に戸惑うであろう日本の読者がイメージしにくいのは、欧米社会の日常生活におけるフェアトレードの普及の度合いである。大学のコーヒーショップ、売店、大きなスーパーにおけるフェアトレード商品の露出度は高い。街で見かけるワールドショップの数も多い。2013年の1人あたりフェアトレード製品年間購入額（FLO商品のみ）では、スイスが5930円、イギリスが4407円、オランダが1596円、カナダが669円、アメリカが1331円、日本が74円となっている。アメリカも少ないが、国全体の販売金額の日本との比較では、人口規模の差もあるが、アメリカが日本の約4・5倍の市場規模となる（ＰＡＲＣ　２０１４）。国全体の販売額ではノルウェー（人口約５００万）と日本（約１億２千万）がほぼ同規模である（Fairtrade International Annual Report 2013/14）。北米がヨーロッパに比べて少ない理由には，ＦＬＯの展開が遅れたことも一因か

写真３　北米で最大の店舗数を誇るテンサウザンドビレッジ
（アメリカ・ニューヨーク州イサカ市内，北野撮影）

写真４　入り口付近の一番目立つ棚に並ぶフェアトレード商品
（コーネル大学イサカキャンパス内の売店，北野撮影）

と思われる。ＦＬＯ以外のすべてのフェアトレードの数字では西欧と北米の数値の差は縮小するかもしれない。

相対的に、欧米のフェアトレード購買層に富裕層、高学歴者、白人女性が多いことは事実だが、その裾野は広い。これは欧米の方がフェアトレードの歴史が長いということだけでは説明しづらい。そこで、よく引き合いに出されるのがキリスト教およびそれに基づく慈善（チャリティ）の精神である。

ひとつ注意しなくてはならないのは、ヴァンデルホフが使う「チャリティ」には2つの意味があるということである。まず、慈善行為を意味する通常の意味。もう1つは、先進国から途上国への開発協力、人道支援までも念頭においた広義の意味である。ただし以下では、前者に限定して説明する。

テンサウザンドビレッジ、オックスファムという米英のフェアトレードの元祖ともいえる団体ももともとはキリスト教系の団体であったし、ヴァンデルホフ自身もカトリックの司祭である。解放の神学とは別次元の価値観として、教会への寄付の文化、公益団体への信託の文化というものが脈々と息づき、非宗教性、世俗性を掲げる近代以降の国家・政府とは別に、宗教というものが「市民性」、「公共性」のある種の拠り所としての役割を確保している西洋は、廃仏毀釈、国家神道＝皇国史観の確立、敗戦後の脱宗教化といった日本近代の歴史（特殊日本的世俗社会化）とは決定的に違う。善し悪しの問題を別にしてである。国家や企業とは別次元での市民社会の役割を考える際、統制の原理や競争・効率性の原理とは別の互酬・隣人愛といった利他精神が社会における共同性や連帯の形成に大きく作用すると考えられる。むろん、欧米人だろうが、日本人だろうが、キリスト教、仏教、イスラム教、あるいは信仰の有無にかかわらず、人間は私利私欲のみで生きている訳ではない。しかし、公益・公共性に対する当事者意識には、やはり違いがあるのではないか。ついでながら、今日、特殊日本的世俗社会化の結果として、日本人の多くが無宗教者であるということと、西洋現代において、個人の選択の結果としての無神論者（atheist）がいる――増加しつつある――ということは、資本主義の受容や市民的公共性の面からみて、かなり意味が異なるのではないか。

岡本（2015）によれば「チャリティは、国家の公共性に吸収されない市民社会の共同性の橋頭堡《きょうとうほ》として多様な公益活動を育んできた」（ルビ筆者、橋頭堡は「拠り所」の意）という。一般論として、日本語の「公共」という言葉にどうしても「お役所・お上の仕事」というニュアンスを感じる人が多い。そして、日本では、慈善団体や宗教団体に対する信頼性は極端に低く、利他的な活動や「良いことをいう人」は、偽善、胡散臭いという目でとらえられがちであり、「自己利益を追求する人々が「本音」をいう人々として評価されやすい」（岡本、2015）という指摘に思わず苦笑してしまう読者もいるだろう。欧米人の「チャリティ」に押し付けがましさ、上から目線のような精神性が内在されていることは多く指摘されているとおりである。だが、始まりは「上から目線のチャリティ」であっても、活動実践や志をともにする者たちとのふれ合いを経て、国境を越えた公益活動や社会的連帯へと変化していく可能性もある。ヴァンデルホフ自身はチャリティという言葉を厳しく断罪するが、欧米における利他的活動の展開の土壌としてのチャリティ精神がフェアトレード受容の素地となっていることは否定し得ないのではないか。

ヴァンデルホフがいうように、チャリティとしてのフェアトレードと正義追求の実践としてのフェアトレードは明らかに異なる。だが、市民的公共性という空間的枠組みをあてはめてみた場合、そこに明確な境界線を引き、二律背反的に理解することができない面もある。これが現時点での私の見解である。

（5）グローバルな正義

もし、同情に基づく一方的なチャリティでもなく、国益や自分のための利益の見返りとしての支援・援助でもなく、地球規模での財や富の再分配が必要だとしたら、その理由は何であろうか。フェアトレードを、この再分配のためのささやかな仕組みとして位置づけることもできる。

ここでは、伊藤恭彦『貧困の放置は罪なのか』（2010）を参考に、国境を越えたグローバルな正義が必要な理由を考えてみたい。これは、上記でみた社会的連帯経済の意義や消費者にとっての「トレーサビリティ」論とは次元が異なる議論である。前提として、私たちは、ヴァンデルホフと同様に、原因が何であろうと非人間的な状態としての貧困は悪であるという立場を受け入れる必要がある。残念ながら、全世界で、そしてメキシコや日本を含む多くの国々の内部においても、貧富の差はますます広がりつつある。伊藤は私たちの中にある3つの「思い込み」を正す。

第1は「救命ボートの論理」である。私の言葉で噛み砕けば次のような説明になる。「地球の資源には限界がある。全員が同じように豊かになりたくても、それは無理な相談だ。救命ボートの定員は限られており、残りは僅かだ。もし希望者全員をボートに乗せてあげれば、ボートは沈没して、全員が溺れ死ぬ。助けたいのは山々だが、残念ながら全員を助ける訳にはいかない」。この比喩は世界の実態を正しく表していない。世界の人口と食料生産の関係を例に説明しよう。今のところ、地球上に食料は不足していない。飢餓や栄養不足は、生産量の問題ではなく、分配の偏り——貿易構造や内戦・紛争、あるいは広がる格差——が理由である。また、富裕層が食料の摂取量を多少下げても、彼ら（私たち）は餓死しない。つまり、この論理は分配の問題を無視した極論ということになる。

第2は、「日常生活に潜むリバタリアニズム」である。リバタリアニズムは、個人的権利や自由を何にもまして重視する自由至上主義である。競争原理、新自由主義に極めて親和的な立場である。要は「自分の財産は自分のもの」、「自分で努力して稼いだお金の使い道は、自分で決める権利がある」ということになる。一見、正論にみえるが、伊藤はそれを退ける。どんな人でも、生まれる国を選べない。子が親を選ぶこともできない。インドのカースト制度の最末端の不可触民を両親に持つ子どもは、みずから望んでそれを選んだのではない。東京大学や京都大学の学生の両親の所得水準は他大学の学生のそれよりも高い。つまり、自分の地位や財産はある範囲まではみずからの努力の賜物といえても、100パーセントそうだとは誰にも言い切れない。「世襲政治家」を例にすればわかりやすいだろう。さて、現在の世界には大国も小国もある。強大な多国籍企業もある。南北問題や南南問題もある。これらは一夜にして出来上がったのではなく、植民地時代を含む長い歴史の過程で形成されてきたものである。さらに、「自由貿易」といっても、完全に自由な競争が行われているわけではない。事実上の補助金付き輸出をしたり、国の予算を用いて自国産業や特定層を間接的にでも保護する能力や資金を持つ国もあれば、それができない国もある。「日常生活に潜むリバタリアニズム」はエリートの論理、強者の論理にほかならない。

第3は、「日常生活に潜むナショナリズム」である。平たくいえば、困っている人に何かをしたいが、できることは限られるので、その場合、同胞や身内を優先させるという立場である。100円を募金するとして、遠く離れた中東の難民支援のために募金するよりも、東日本の震災被災者のために募金することを優先する人は多いに違いない。海外と国内とでは、被災状況等に関する情報量の差もある。怪我をして倒れている2人の子どもがいて、そのうち1人はわが子、もう1人は見ず知らずの子だったとしたら、自分の子どもに先に声をかけたり、手当てをしても、通常、その行為は「普遍的に正しい」(76頁)と考えられている。「近親者を優先すべきという考えを文化的一体感を共有した人々をも優先すべきとの考えにまで拡張することで、国民共同体を1つの倫理的共同体と考え、その共同体の内と外では、倫理的態度は異なるのが当たり前」(77頁)という主張には非常に説得力がある。他人を助けるのは「人道的」支援かもしれないが、家族や身内を助けるのは人道というよりは、本能的あるいは義務だと考えられるからだ。しかし、この「正論」にも盲点がある。

正義について語る時、必ず引き合いに出されるのがジョン・ロールズの『正義論』（Rawls 1971（1999）=2010）である。ロールズによれば「主要な社会制度が、根本的な権利と義務を分配し、社会的協同からの利益の分配を決定する方法」を社会の基本構造とし、正義の「第一の主題」とされなくてはならないとする（伊藤前掲書からの再引用）。主要な社会制度の代表例は国家だが、いまのところ、「国際社会」、「グローバル社会」という言葉はあっても、世界には国家に相当する「社会制度」は存在しない。ここから先は、経済面の財や富の分配の面に注意深く議論を限定して、伊藤がいう「グローバルな分配正義」について考えてみる。経済のグローバル化が進展した今日、「グローバルに展開している資本は事実としての世界の社会的生産=公共的生産を担っている主体」だといえる（82頁、傍点原文どおり）。国際社会における「社会的生産=公共的生産」の分配のあり方という問題は、ロールズがいう「社会的協同からの利益の分配を決定する方法」に相似する（ロールズの議論は国家内を前提）。ここで問題視すべきは、もちろん、全世界の富や財の分配を完全に均一化させることではない。分配の結果である非人間的な状態である貧困や権利の剥奪を問題視するグローバルな正義の存在理由があり、何人も地球規模での財や富の「再分配」に責任を有している、という命題である。「日常生活に潜むナショナリズム」はこれを否定することはできない。なぜなら、伊藤のこの議論は「貧困死」に限定されている。私はこれの限定を「非人間的な状況の改善」にまで広げることは許されると考える。ただし、どこからが「非人間的」かについては、議論の余地があるだろう。いずれにせよ、私たちが直面しているのは「わが子か、よその子か」という二者択一の構図ではない。

グローバル資本主義が世界各地で構造的暴力の再生産装置として機能してしまうことは否定できない。児童労働、小規模農民の破産や自殺、住民の意向を無視した開発のための土地収用が、ラテンアメリカ、アフリカ、アジアで起きている（類似の構図は実は日本国内にも少なからずある）。清貧を尊ぶヴァンデルホフも、コーヒー農家の経済的困窮、貧困を認めていた。政府開発援助（ODA）やNGOによる直接的な支援（＝移転による分配の局所的修正）、ブラック企業の商品に対する不買運動は「対処療法」ではあるが、構造的暴力そのものに働きかけることは難しい。伊藤は「グローバルな正義に基づく「構造的暴力」の除去は資本主義がもつ社会性と公共性を鍛え上げていくことなのである」（205頁）という。資本主義自体を否定せずに、グローバルな分配的正義を実現する方法にはさまざまな選択肢があるが、フェアトレードもそのひとつである。フェアトレードは善意にあふれた一部の消費者の倫理的満足観を満たすためのニッチマーケットとして存在する訳ではない。

なお、ヴァンデルホフらが考案した認証ラベル制度の登場で、少なくとも欧米では、フェアトレードの主流化が進んだことにより、分配的正義のみならず、交換的正義という側面も大きくなり、これに古典的な寄付・チャリティ概念を加味すれば、今日のフェアトレードとその価格には正義が重層的に反映がされていると考えられる（山本、２００７）。

(6) ポスト開発とオルタナティブな開発

批判のための批判、恣意的な分類の類は、時に空しい。だが、ヴァンデルホフの立ち位置を理解するために、あえて若干のカテゴリー化をしてみたい。

ヴァンデルホフはポスト開発論者ではなく、オルタナティブな開発論者だと私は考える。ポスト開発論・脱成長論の代表的論客であるフランスの経済思想家セルジュ・ラトゥーシュは「しばしば善意を持った白人の専門家たちによって提案されている『オルタナティブな開発』『連帯経済』『フェアトレード』といったレトリックは、今や、経済から抜け出し脱成長へ歩み出すのを回避する役割を果たしている」（Latouche 2010=2013: 36）と述べる。多国籍企業が自社製品のほんの一部にヴァデルホフたちが考案した認証ラベルをつけて売っている現実をヴァンデルホフは快く思っていないだろうし、ラトゥーシュの指摘がそのことを指しているならヴァンデルホフもそれに同意するに違いない。だが、ヴァンデルホフにとって連帯経済はレトリックではなく、真実そのものである。

メキシコのポスト開発論者グスタボ・エステバは「貧困」という概念は、西欧や先進国的価値観によってもたらされた物質文明によって「作り出されたもの」だと断じる（北野、2008）。これは、外部からの「貧困」のラベリングであり、資本主義的価値・様式の浸透が生み出す新たな貧困の自覚である。これは、ヴァンデルホフが重視するつつましい貧者観に矛盾しない。だが、ヴァンデルホフはもう少し現実的である。彼は、貧困の存在を否定しない。どんなに働いても1日1ドルの稼ぎしかないというのは非人間的だといっている。もちろん、彼は表面的に金額の大小を問題にしているのではなく、コーヒー農民たちの自己決定権の剥奪を問題視しているのである。エステバも先住民の政治的、文化的オートノミーを重視するが、やや抽象度の高い議論に終始している感もある。

微妙なニュアンスの違いだが、ヴァンデルホフはラトゥーシュやエステバとは、やや世界観が違うと私は理解する。

5　回想のテワンテペック地峡

(1) 南部メキシコという文脈

今や中所得国に躍進したメキシコだが、依然としてアメリカ、カナダとの経済格差は大きい。また、南北に細長い同国は、国内にも「南北問題」を抱えている。同国の全人口約1億2千万人はスペイン語圏で最大、ラテンアメリカではブラジルに次ぐ人口規模である。メキシコには56もの先住民族がいるが、人口の1割前後を占めるに過ぎない。しかし、先住民族の人口規模はラテンアメリカ最大である。先住民族の居住分布は南部諸州に集中しており、先住民族の人口割合が最も高いのがオアハカ州である。隣接するチアパス州には、1994年1月1日（北米自由貿易協定（NAFTA）の発効日）の蜂起以来、サパティスタ民族解放軍（EZLN）が統治する事実上の自治区域がある。サパティスタは「NAFTAは我々にとっての死刑宣告に等しい」と反新自由主義を掲げる先住民族運動である。

チアパス州に接するオアハカ州東部のテワンテペック地峡は、メキシコ国内で最も細い地峡であり、太平洋岸と大西洋岸を結ぶ陸路の最短ルートであったことから、パナマ運河開通（１９１４年）以前は交通の拠点として沿岸部の都市が栄えたという。この地域には独自の政治風土が息づいている。１９６０年代から、農民、労働者、学生の各運動が連合し、１９８０年代にはテワンテペック地峡労働者・農民・学生同盟（ＣＯＣＥＩ《コーセイ》）という左派地域政党が結党され、それなりの支持を集めてきた。これは、２０００年まで71年間にわたり、政権の座にあり続けた制度的革命党（ＰＲＩ）が圧倒的な勢力を誇っていた当時のメキシコにおいては極めて例外的なことであった。背景には、サポテコ人ら先住民の強い民族意識や賤視・差別に対する強い不満があった。サパティスタにせよ、ＣＯＣＥＩにせよ、南部メキシコの政治風土における先住民族らの民族・文化的アイデンティティと政治・社会運動との強い結びつきを象徴するものといえよう（北野、２００８）。テワンテペック地峡に近いミへ民族の村々での民族運動や文化変容を長らく研究してきた文化人類学者の黒田悦子は、サパティスタのみならずさまざまな先住民族の現代的な動きについて、植民地時代から現代へと連なりの可能性を指摘している（黒田、２００２）。

　ヴァンデルホフとＵＣＩＲＩの活動が展開されてきたのは、こうした歴史風土が深く息づく、テワンテペックの山岳地帯である。コーヒーはこうした山岳先住民にとって、ほぼ唯一かつ最大の換金作物である（もちろん麻薬を除く）。オアハカ州では、経営規模2ヘクタール未満、年数百キロ程度の小規模生産者が大勢を占めている（北野、２００８、２４５頁）。そこは中所得国メキシコにあっても、まぎれもなくグローバルサウスの一部を形成する空間である。

(2) UCIRI訪問の思い出

ラテンアメリカは遠い。最も北にあるメキシコですら、成田から西海岸経由でメキシコシティまで乗り換え時間も含めれば、約16〜17時間、メキシコシティからオアハカ市までバスで7時間（飛行機だと離着陸を入れて1時間未満）、オアハカ市内からイクステペック（ＵＣＩＲＩ直営カフェがある）まで夜行バスで一晩（夜遅く出発、早朝着）、さらにイクテペックで車を調達し、ＵＣＩＲＩ組合の本部があるラチビサまでは、延々とさらに40キロメートル走らねばならなかった。未舗装の山道（当時）だから当然スピードは出せない。雨季にＵＣＩＲＩ加入区域のある村を訪ねた時には、泥のぬかるみに車輪をとられ、運転手がエンジンをかけながら、もう1人が後ろから車を押さなくてはならないこともあった。1人では力が足りない場合は、対向車か後続車が来るのを待たねばならなかった。

南部メキシコ・テワンテペック地峡地域に通ったのはもう随分と前のことになるが、今から思えば、「遠い」と感じたのは、物理的な距離や道路事情や言葉の不便さだけではなかったような気がする。東京からメキシコシティに移動しても、あるいは、ちょっとした地方都市のたたずまいを感じさせるオアハカ市に入っても、街並みや空気の違いを感じることはあっても、テワンテペック地峡の山岳地帯の村々で感じたような別世界感はない。テワンテペックの村々から戻り、再びバスに乗って、イクステペックやフチタン（女の町、ムシェの町として知られる）経由で帰路につき、夕暮れ～夜に、オアハカ市街地のビルや住宅の灯りがバスの窓から見え始めた時、「ああ、地上に降りてきた」といつも感じたことを思い出す。山越えの途中で、軍人によってバスが停車を求められ、ライフルを背負った兵士から身分証明（パスポート）

写真 5　UCIRI管内の西端，シエラノルテ地域のミヘ民族の村（北野撮影）

の提示を求められたこともあった。麻薬密輸の監視である。

話を戻そう。ここでいう「地上」とは、物理的な標高のことだけではない、物質文明とあらゆる情報に溢れている場所という感覚である。むろん、その意味では、メキシコシティも東京も大阪も「地上」である。テワンテペックの村々で感じた感覚は、日本の中山間地域の限界集落やカンボジアの農村やアメリカ北東部の過疎の村を訪れた時の感覚に近いが、アジアやアメリカの田舎よりもずっと汚れのない崇高な聖性を感じてしまうのは、一介の無責任な訪問者に過ぎない私のバイアスによるものか、それとも、思い出の美化という記憶の仕業なのかはわからない。

いろいろな意味で「遠い」テワンテペック地峡地域を5~6年の間に断続的に訪問していた時期があった。その間、UCIRIは3年連続で少なくとも3回は訪問したはずだ。山の中、森林の中を走り続けてラチビサに着くと突然、UCIRI本部の偉容が視界に入ってくる。まぎれもない辺境の地に造られた事務所、倉庫、加工施設、集会所、診療所、歯科医院、薬局等々。日本の農村部のそれらとは比べるべくもないが、オアハカから、フチタン、イクステペックから延々と悪路を走り続けて来た後のギャップは大きかった。だが、ラチビサではコーヒー栽培は行われておらず、実際に小規模コーヒー生産者が暮らす村々、コーヒー畑

写真６　山の中にあるUCIRI組合本部（北野撮影）

写真７　UCIRI組合本部のゲート（北野撮影）

写真8　UCIRI組合本部の建物の壁面にあったマックス・ハベラーのマーク
（北野撮影）

写真9　ラチビサ付近の村落の様子
（北野撮影）

写真10　UCIRIの有機コーヒー製品
（北野撮影）

は、広大なテワンテペック地峡の山岳部に点在している。ヴァンデルホフが述べているように、時には、農民たちは徒歩で、積み荷をロバの背に乗せて、山越えをして行き来をしているのだろう。それを考えれば、これらの施設の存在は辺境に暮らす貧しくも誇り高き農民たちにとっては、希望の光として映るに違いない。

先進国でコーヒーや紅茶を飲む私たちが、この「遠さ」（物理的距離と文化的距離の両方）を感じ、農民たちの暮らしに思いをはせることは容易ではない。それを常にすべての消費者に期待することも現実的でないことも理解している。だが、特段コーヒー通という訳でもない私でも、家でコーヒー豆の袋を開け、香りを感じ、湯を注ぐ時、あの「遠さ」を愛おしく想い出すことがある。不思議なことに、ファミリーレストランで注文したコーヒー、自販機やコンビニで買う缶コーヒーからはこの感覚は湧いてこない。

（3）2年越しの面会の意味

世界中からひっきりなしに来訪者があるヴァンデルホフは、間違いなく私のことを覚えていないと思う。彼には2度だけ会ったことがある。1度目は遭遇といった方が適切かもしれない。いつもお世話になっているオアハカ市を拠点として活動しているNGO経由で、アポイントメントは入れてあった。そして、東京から前述のような経路で、イクステペックにあるUCIRI直営カフェに行った。何時間も待つことになった。これは彼が非常識なのではなく、現地の人々も「オアハカ時間」とジョークで笑うように、半日くらいの誤差は許容範囲、当たり前という大らかな時間感覚によるものだ。ヴァンデルホフは来た。だが、急用ができたのか、私のインタビューには応じられないとのことで、面会はキャンセルされてしまった。予定を変更して、周辺の別の村や団体を訪問することになった。1年後、再びコンタクトを試みたが、アポイントメントは取れなかった。その1年後、ようやくアポイントメントが取れた。NGOのスタッフと私は「今回も、アポが入っていても、実際に会えるかどうかは分からないね」と腹を括った。UCIRI直営カフェでヴァンデルホフは待っていてくれた。大柄で怖そうなオランダ人という印象だったことを覚えている。ゼミ生の女子学生2人が同行していたせいか、インタビューの場は少し和んだ雰囲気になった。多分、2時間くらいという約束だったと思う。私はここぞとばかり、彼の生い立ちから、UCIRI組合の設立の経緯、経済や政治のことなど、話を伺った。時折、先進国の人間の振る舞いや南の人々への接し方に話が及ぶと、突然、厳しい表情を見せ、私を睨みつけた瞬間もあったと記憶している。彼は言った。

写真11　ヴァンデルホフ（中央）と筆者（右隣）

写真12　UCIRI直営カフェの外観（北野撮影）

「近代社会科学では当事者性を脇に押しのけて客観性が重視されるが、私はこれを事実の搾取と呼びたい。修士論文を書くために多くの学生がここに来たいと申し出てくるがお断りだ。彼らは自分の論文のことしか考えていない。論文が終わってからここを尋ねて来るのは四十人のうち一人いるかいないかだ。事実は盗まれるのだ。私たちはそれを認めない。これがフェアトレード流の考え方だ。」（北野、２００８、93〜94頁）

突然、顔面にパンチを見舞われた感覚を覚えた。私はすでに学生ではなかったが、彼らの前では同じである。そして、なぜヴァンデルホフがなかなか面会してくれなかったのか、何となくわかったような気がした。それでも結局、彼は3時間強も私に付き合ってくれた。最後は、「もう、今日はこれぐらいにしよう」と、話を打ち切り、事務所の中に消えていった。何度も押し掛けて、随分失礼なことをしてしまったと少し後悔したが、彼がいうフェアトレードの精神、誇り高き貧者たちの精神を体感できたような気がした。

私が知る限り、これまでに少なくとも2度、フェアトレードに関係するシンポジウムでヴァンデルホフの日本への招聘が試みられたことがあった。体調不良によるキャンセルを含め、彼の来日は実現していない。年齢や病気のことを考えれば、来日の可能性はもうないだろう。

6　開発・発展をめぐる天動説と地動説

開発学において「人と思想と実践」なるものが話題になることはあまり聞かない。プロジェクト・サイクル・マネジメント（ＰＣＭ）といった用語を持ち出すまでもなく、そもそも、開発協力プロジェクトは、経済学や社会科学を含む科学知に基づいて実施されるものであり、現地に適用される技術的知見だけでなく、プロジェクト概念そのものおよびその運営管理に至るまで、客観的合理的に遂行されなくてはならないとされる。技術協力プロジェクトにおいて、派遣専門家が交代したからといって、プロジェクトそのものが変わってしまっては大きな問題となる。「プロジェクト」という狭義の開発論の範疇を広げたとしても、一般的には、ミクロ、マクロの諸政策は価値中立性を装った社会工学的な営みだと理解されている。はたしてそうだろうか。ヴァンデルホフの立場とは異なるかもしれないが、仮にＯＤＡ、ＮＧＯにもいろいろな問題や課題があることは承知しつつ、開発協力にもそれなりの役割があるという立場を採ったとして、外部から一方的に提案するような支援よりも、地域住民の潜在的な知識や能力を引き出すような活動がより望ましいという立場に異議を唱える人は少ないだろう。つまり、貧困者を客体としてみるか、主体としてみるか。学校の教育に置き換えてみよう。教師が「この生徒に難しいことを教えても仕方がない、どうせ分からないだろうから」という立場で接するのと、「そんなことはない、教え方を工夫し、動機付けがあればきっと理解する（やる気をだす）はずだ」という立場で接するのでは、大きな違いがあることは誰にでもわかることだろう。開発における地域住民と外部者の関係も同じではないだろうか。

私の立場は、開発は価値選択的な人間的営為であるというものである。開発にかかわる特定の個人の経験や価値観はその人の仕事や実践にかならず影響するし、そのことは、人間社会を改良する原動力の１つになりえる（改悪することもあるだろう）。ヴァンデルホフは言う。「経済のために人間が存在するのではない、人間のために経済が存在するのだ」と。「経済」を「開発・発展」、「プロジェクト」、「政府＝国家」、「ＯＤＡ」、「ＮＧＯ」等に置き換えても、同様の議論が成立する。繰り返しになるが、ヴァンデルホフがいう「人間」とは、近代の産物ともいえる個人《インディビジュアル》あるいは合理的経済人《ホモエコノミクス》という意味ではない。あるいは、これまた近代の産物ともいえる自立した政治的意思を持たない大衆《マス》という意味でもない。地域社会や歴史文化に根をおろしつつ、人格と尊厳を備えた真の市民《シチズン》たる人々《ピープル》のことである。彼は近代文明すべてを否定するような極端な立場ではない。貧しい人々の剥奪された自己決定権を取り戻すことを説いているのである。

この「マニフェスト」が宣言するような誇り高き貧しき人々の主体的な行動としてのフェアトレード観がすべてのフェアトレードの実態に当てはまる訳ではないだろう。多くの場合、現実は、やはりＮＧＯからの提案に基づき、自立支援のツールとして導入されるのではないだろうか。だが、それが悪いということにはならない。フェアトレード活動を発展させるプロセスにおいて、動機づけがなされ、そして経済的・社会的便益がある程度平等に分配されれば、始まりは外部からの提案であっても、貧しき人々の主体的活動として発展する可能性はある。開発支援を考える時、私たちは無意識に天動説的世界観を前提にしがちである。天動説とは受益者たる途上国の現場の人々からみて他律的な働きかけという意味である。だが本来、開発は地動説であるべきではないか。すなわち、受益者の潜在力《ケイパビリティ》に働きかけ、自律的な変化を引き出す環境づくりを支援すべきだということになる。

7 おわりに

ヴァンデルホフの言葉の行間から私たちに発せられたメッセージは、誇り高き貧者から学びなさい、ということだと私は思っている。すなわち「南」から学ぶということだ。そこには、国家主義、経済原理主義のいずれにも安易に回収されず、国家イデオロギーとしての農本主義でもない、ローカルかつコスモポリタンな現代版「農本主義」がある。

一方、いわゆる開発途上地域・国において、誇り高き貧者たちがこれからもマジョリティであり続けるかどうかは予断を許さない。いかなる土地においても、貨幣経済、資本主義的価値観の浸透は避けられない。国によっては中間層が拡大していくだろう。本文の中で、ヴァンデルホフはグラミン銀行創立者のムハマド・ユヌスを若干批判しているが、小規模金融のみならず、BOPビジネス、エコツーリズム、チャリティに特化したフェアトレードなどの方策も、使用法次第では、社会的連帯や正義・倫理観よりも、単に、経済的成長を優先させる（意識および実態の両面で）ことに与することになりかねない。その一方で、先進国社会の内部でも貧富の格差が拡大し、貧困問題が可視化されつつある。私たちは「真の開発・発展とは何か」という問いに向き合っている。そして、市場の役割、政府の役割、市民社会・住民セクターの役割を構想しなくてはならない。「フェア」、「エコ」、「サステナビリティ」、「お買い物で国際貢献」、「倫理的消費」、「CSR」などの言葉の本当の意味は、この構想の先にあるはずだ。ファトレード認証ラベルの向こう側に思いをはせることとは、そういうことでもある。

他方、農業者と消費者の双方を含む世界各地の人々による代替的な提案は、ラテンアメリカやアフリカ、さらには、欧米先進国の都市部において、すでに始まっている。南北を問わず世界中の大都市の真中で個人〜世帯〜コミュニティのレベルでの食料安全保障《フード・セキュリティ》（生存戦略と安全・安心の両方、国家単位での安全保障と区別する意味で食料主権《フード・ソブリニティ》と呼ばれることが多い）を希求する取り組みである。具体的には、アーバン・アグリカルチャー（アフリカの都市のみならず、先進国では、アメリカのデトロイト、サンフランシスコ、イギリスのトッドモーデン、スペインの事例が有名）、北米の都市近郊で広範に展開されるようになったシビック・アグリカルチャー（北米版産消提携・地産地消）、さらには、イタリアのスローフード運動などがあげられる（Lyson 2004=2012, Cockrall-King 2012=2014, Warhurst and Dobson 2014など）。これらは政府の政策ではなく、一般の人々による社会的連帯経済の実践である。日本人にはにわかにイメージしづらいかもしれないが、もはや趣味の園芸あるいは特殊な社会現象と片付ける訳にはいかないほどの広がりをみせている。

ミレニアム開発目標（ＭＤＧｓ、２００１～２０１５）に続く持続可能な開発目標（ＳＤＧｓ、２０１６～２０３０）において、「誰一人取り残さない（leaving no one left behind）」ことが宣言され、この惑星上の諸社会の持続可能性を築くことが、私たちのゴールとなった。本書は南の「貧しい人々のマニフェスト」としてだけでなく、深刻な格差問題と環境破壊と民主主義の機能不全に直面する「私たちのマニフェスト」として読まれるべきだろう。

マニフェストの第5章は「私はもう1つの世界の夢を描いた」であった。第5章を訳しながら、私は自分の中で、ヴァンデルホフの言葉にアメリカの黒人公民権運動のキング牧師の最後のスピーチ（「約束の地を見た」）を重ねていた。ふと、この本はヴァンデルホフからの将来世代への「置き手紙」であり、「遺言」なのかもしれないと思った。もちろん、高齢とはいえ、彼にはまだまだ元気で活躍してほしい。私たちが少しでも、もう1つの世界に近づけるよう、これからも導いてほしい。

最後に、ノーム・チョムスキーが来日講演で引用したアダム・スミス『道徳的感情論』の次の一節を紹介して、本エッセイを締め括りたい。

「いかに人間が利己的であるように見えようとも、人間の本質の一部として、他の人の運命に関心をいだき、そして他の人の幸福を自分にとってもかけがえのないものとして感じる何らかの原理が明らかに存在している。たとえ自分が得るものが何もなくても、他の人の幸福を見るだけで嬉しいと感じる何かがあるのである。」(スミス『道徳的感情論』、Chomsky 2014=2015: 64からの再引用)

訳者あとがき

ラテンアメリカの専門家でもない私が南部メキシコに魅かれた理由は、本来的な意味での民主主義社会における市民のあるべき姿を見た気がしたからである。私の中では、先住民農民《カンペシーノ》がその手本である。これはメキシコ国家やメキシコ社会が民主的だという意味とはまったく異なる。自分たちをないがしろにする政府や外国企業や地元の権力者たちを向こうに、たとえ経済的には1日1ドルしか稼ぎがなくても、学校教育を受けていなくても、文化と環境と尊厳を大切にしながら生きる人々こそ、実は、いわゆる衆愚――ハンナ・アーレントの言葉を借りれば「悪の凡庸さ」――とは最も遠い存在ではないか、という確信を深めたからである。

ヴァンデルホフは人間の生活を優先せず、別な何かだけを重視する政治、利潤や利権に群がる大企業や政治家、それを応援するマスコミを徹底的に嫌悪し厳しく糾弾する。彼がいう「西欧」、「欧米」、「先進国」には、大量生産・大量消費社会の恩恵に与かっている日本も確実に含まれる。彼にインタビューした時の言葉や――先進国への批判について話す時にみせた――私を睨《にら》みつけるような彼の厳しい表情を思い出す。２０１５年の今、本書は誇り高き貧者の「マニフェスト」であるだけでなく、これまで積み上げてきた叡智をいとも簡単に放棄し、社会と国が確実に壊れつつある中、徹底的に脱政治化され、ヴァンデルホフがいう「システム」に盲従・隷従し、「新自由主義×新国家主義」路線をまっしぐらに突き進む私たちに対する警告だと思っている。

今日、日本の多くの大学において、大学教員イコール研究者という図式が自動的に成立する時代はとうの昔に過ぎ去った。矛盾に満ちた表現だが、多くの大学において、大学教員をしながら研究活動を両立し続けていくにはそれなりの覚悟と犠牲が必要である。本書の解説文を書きながら、自分がコーネル大学で博士課程の院生をしていた頃、ジョン・フォレスター教授に彼の研究室でいわれたことを思い出した。「プロの研究者になるなら、１日30分でも１頁でもいいから、どんなことがあっても毎日書き続けなくてはならない。君が音楽家だったら、たとえばプロのピアニスト（バイオリニストだったかもしれない）なら、楽器の練習をしない日などないはずだ。結婚記念日だろうが、クリスマスだろうが、正月だろうが、毎日楽器に触れる。そうでないと腕がにぶる。プロになるとはそういうことだよ」。「クリスマス」を「学内行政で忙しい」に置き換えることもできるだろう。厳しい言葉である。どんなことがあっても、研究者の知的生産行為のひとつである「書くこと」を怠るなということである。今、私はジョンに自信を持って「自分も毎日そうしています」とはいえない。それでも、この言葉は私の頭に残り続けており、しばしば反芻《はんすう》させられる。

この翻訳書を出版するにあたり、まず、フランツ・ヴァンデルホフ神父に感謝を表したい。勤務先の獨協大学外国語学部では、学部長の黒田多美子先生の日々のご指導に感謝している。同僚の永野隆行先生、須永和博先生からは、いつも研究者としての刺激をいただいている。ゼミナール学生とのやりとりから、日々、思いがけない知的インプットを貰い続けてきた。若い学生の潜在力に感心させられる。ゼミ生からは元気も貰っている。永野先生の院生である生尾和弘君との議論は本書の翻訳と解説の執筆に極めて有益であった。授業科目「英語専門講読（地球市民のためのフェアトレード入門）」では、受講生と一緒にフェアトレードの基本文献や最新の研究論文を読んできた。受講生の活発な議論は私のフェアトレードや国際開発に関する問題意識を常にアップデートしてくれる。前作『国際協力の誕生』に引き続き、創成社の塚田尚寛社長、西田徹さんには、翻訳権の手続きを含め大変お世話になった。以上、記して謝意を表したい。

最後に、ヴァンデルホフの文章を読み進め、フェアトレードの精神に考えを巡らせる中、これまで身に降りかかってきたさまざまな苦難にもめげず、日々懸命に努力している次男輝の姿に私自身がいつも励まされていることに気づかされた。このことは、私にとって大いなる幸いであった。私事続きで恐縮だが、留学帰りの長男慶から頼もしさを感じるようになったことも喜びである。いつの世でも、世界のどこにあろうと、未来は子どもたちと若者のためにある。そう信じたい。

北野　収

2015年11月　市原市八幡の別宅にて

解説で引用した文献等

【書籍・論文・DVD】

伊藤恭彦（2010）『貧困の放置は罪なのか』人文書院。

岡本仁宏（2015）「NPOと政治「在家」政治の勧め　公益的NPOの政治活動規制における二重構造の克服にむけて」『日本NPO学会ニューズレター』一七（一）通巻64号。

梶原　寿（1997）『解放の神学』清水書院。

北澤　肯（2011）「FLOラベルは偶然生まれた」「FLOへの誤解を解く」「FLOラベルは死んだか？」佐藤　寛編『フェアトレードを学ぶ人のために』世界思想社、56～57、141～142、242～243頁。

北野　収（2008）『南部メキシコの内発的発展とNGO』勁草書房。

栗林輝夫（1991）『荊冠の神学』新教出版社。

黒田悦子（2002）「先住民族運動に参与するまでの遠い道のり」黒田悦子編『民族の運動と指導者たち』山川書店、231～249頁。

清水　正（2008）『世界に広がるフェアトレード　このチョコレートが安心な理由』創成社。

須賀敦子（1995）『トリエステの坂道』みすず書房。

辻村英之（2013）『農業を買い支える仕組み　フェア・トレードと産消提携』太田出版。

西川　潤（2007）「連帯経済――概念と政策」西川　潤・生活経済政策研究所編『連帯経済』明石書店、11～30頁。

山田経三（1992）「解放の神学――第三世界民衆との連帯を求めて」ジョン・ソブリノSJ『エルサルバド

ルの殉教者』拓植書房、185～208頁（英語版原書、1990年）。

山本純一（2007）「フェアトレードの歴史と「公正」概念の変容」『立命館経済研究』62（5・6）、385～398頁。

湯川　豊（2015）「『新しい須賀敦子』五つの素描」江國香織・松家仁之・湯川　豊『新しい須賀敦子』集英社、159～202頁。

Berryman, P. (1987) *Liberation Theology*, Pantheon Books. 後藤政子訳（1989）『解放の神学とラテンアメリカ』同文館。

Boff, L. and C. Boff (1987) *Introducing Liberation Theology*, Burns & Oates. 大倉一郎・高橋　弘訳（1999）『入門解放の神学』新教出版社。

Chomsky, N. *TWO LECTURES IN SOPHIA UNIVERSITY*. 福井直樹・辻子美保子訳『我々はどのような生き物なのか』岩波書店。

Cockrall-King, J. (2012) *Food and the City: Urban Agriculture and the New Food Revolution*, Prometheus Books. 白井和宏訳（2014）『シティ・ファーマー：世界の都市で始まる食料自給革命』白水社。

DeCarlo, J. (2007), *Fair Trade: A Beginner's Guide*, Oneworld Publications.

Fabella, V. and R.S. Sugirtharajah eds. (2000) *Dictionary of Third World Theologies*, Orbis Books. 林巌雄・志村　真訳（2007）『〈第三世界〉神学事典』日本キリスト教団出版局。

Gutiérrez, G. (1972) *Teología de la liberación*, Ediciones Sígueme. 関　望・山田経三訳（1985）『解放の神学』岩波書店。

Hirschman, A.O. (1984) *Getting Ahead Collectively: Grassroots Experiences in Latin America*, Pergamon Press. 矢野修一訳（2008）『連帯経済の可能性——ラテンアメリカにおける草の根の経験』法政大学出版局。

HLPE (2013) *Investing in smallholder agriculture for food security, A report for the High Level Panel of Experts on Food Security and Nutrition of the Committee on World Food Security*, Rome. 家族農業研究会・農林中金総合研究所訳（２０１４）『人口・食料・資源・環境　家族農業が世界の未来を拓く』農山漁村文化協会。

Latouche, S. (2010) *Pour sortir de la société de consummation*, Les Liens qui Liberent. 中野佳裕訳（２０１３）『〈脱成長〉は世界を変えられるか？』作品社。

Lyson, T. A. (2004) *Civic Agriculture: Reconnecting Farm, Food, and Community*, Tufts University Press. 北野　収訳（２０１２）『シビック・アグリカルチャー：食と農を地域にとりもどす』農林統計出版。

ＰＡＲＣ（アジア太平洋資料センター）（２０１４）『もっとフェアトレード』（ＤＶＤ）。

Rawls, J. (1971, 1999) *A Theory of Justice*, Harvard University Press. 川本隆史ほか訳（２０１０）『正義論』紀伊國屋書店。

Roozen, N. and F. Vanderhoff (2002) *L'aventure du commerce e'quitable: Une alternative a la mondialization par lesfondateurs de Max H avelaar, Jean-Claude Lattés.* 永田千奈訳（２００７）『フェアトレードの冒険』日経ＢＰ社。

Said, E. (1978) Orientalism, Pantheon Books. 今沢紀子訳（１９８６）『オリエンタリズム』平凡社。

Utting, P. (2015) Introduction: The challenge of scaling up social and solidarity economy, P.Utting, ed. *Social and Solidarity Economy: Beyond the Fridge*, Zed Books, pp.1-37.

Warhurst, Pam and Joanna Dobson (2014) *Incredible! Plant Veg, Grow a Revolution*, Matador.

【ウェブサイト】

ANP Historisch Archief Community. http://www.anp-archief.nl/page/53587/nl（２０１５年10月11日

アクセス）
Fairtrade International Annual Report 2013/14. http://www.fairtrade.net/fileadmin/user_upload/content/2009/resources/2013-14_AnnualReport_FairtradeIntl_web.pdf（２０１５年10月23日アクセス）
Fairtrade International. http://www.fairtrade.net/（２０１５年10月31日アクセス）
フェアトレード・ラベル・ジャパン（ＦＬＪ）http://www.fairtrade-jp.org/（２０１５年10月30日アクセス）
Just Us! Coffee Roasters Co-op http://www.justuscoffee.com/~justuscoffee/our-products/Merchandise/Manifesto%20of%20the%20Poor%20（２０１５年11月30日アクセス）
Malongo Foundation.http://www.malongo.com/uk/spotlight-on/todayhereatmalongo-manifestoofthepoor.php?page=174（２０１５年10月31日アクセス）
Permanent Publishing. http://permanentpublications.co.uk/meet-the-authors-fransisco-van-der-hoff/（２０１５年11月30日アクセス）
Stockholm Stadsbibliotek. https://biblioteket.stockholm.se/titel/956861（２０１５年10月31日アクセス）
World Fair Trade Organization. http://wfto.com/（２０１５年10月31日アクセス）
World Fair Trade Organization, OUR GUARANTEE SYSTEM.http://wfto.com/standard-and-guarantee-system/guarantee-system（２０１５年10月31日アクセス）

事項索引

A-Z

AIG ……29
FINE ……129
JUST・US！ コーヒー焙煎協同組合 ……119
NGO ……62
　――のメカニズム ……63
TWIN（第三世界情報ネットワーク） ……129

ア

アソシエーション ……94，96
新しい形の植民地主義 ……58
新しい植民地主義 ……61
アバター ……47
アーバン・アグリカルチャー ……182
アブグレイブ刑務所 ……94
アフリカ民族会議（ANC） ……105
アメリカ独立革命 ……40
アンティゴニシュ運動 ……13
イスモ地域先住民族共同体組合（UCIRI） ……6，65
イスラエル ……75
一方通行モデル ……102
インターネット ……100
インド ……46，101
　――独立運動 ……105
ウルトラ資本主義社会 ……105
ウルトラ自由主義 ……51，55，116
エコツーリズム ……48
エコン ……78
オタワ大学 ……5，136
オックスファム ……128，158
オートノミー ……74
オルタナティブ市場 ……76
オルタナティブ・トレード ……129
オルタナティブな経済 ……18
オルタナティブな市場 ……85

カ

開発の物語 ……58
科学知 ……178
価値選択的 ……179
価値中立性 ……179
神からの贈り物 ……35
神の見えざる手 ……32，34，83
カンペシーノ ……15
危機 ……28
気候変動枠組条約締約国会議（COP15） ……107
疑似フェアトレードラベル ……133
9・11同時多発テロ ……25
救命ボートの論理 ……161
共同体リベラリズム ……27
キリスト教基礎共同体 ……151
金権政治的（政府） ……29，52
クラフトフーズ ……78
グラミン銀行 ……97
グラミン携帯電話会社 ……97
グリーンピース ……96
グローバル金融経済危機 ……55
グローバルな正義 ……160
グローバルな分配主義 ……164
抗議と提案運動 ……85
高貴な野蛮人 ……110
公共財 ……142
公共性 ……141

公正な市場 ……………………………68
合理的経済人 …………………142, 180
5月革命世代 …………………………11
国際コーヒー協定 ……………………129
国際通貨基金（IMF） ………………94
国際フェアトレード機構（WFTO）
……………………………………131
国際フェアトレード基準 …………131
国際フェアトレードラベル機（FLO）
……………………………………129
国際フェアトレード連盟（IFAT）…129
国際有機農業運動連盟（IFOAM）…96
国民総幸福量（GNH）………………106
国民総生産（GNP）…………………106
国連（の役割）………………………107
個人 ……………………………………142
国家の役割 ……………………………52
コペンハーゲン ………………………108
コヨーテ …………………12, 136, 138
ゴールドマン・サックス銀行 ………30

サ

サパティスタ …………………74, 168
サポテコ民族 …………………………15
サラ・リー ……………………………78
産消提携運動 …………………………130
事実は盗まれる ………………………177
持続可能な開発目標（SDGs） ……183
シビック・アグリカルチャー
………………………………145, 183
死への願望 ……………………………32
資本主義という宗教 …………………33
市民的公共性 …………………………160
市民的責任の怠慢 ……………………32
社会工学的な営み ……………………179
社会資本主義 …………………………97
社会生態学 ……………………………108
社会的・環境的責任 …………………115
社会的経済 ………………………113, 146
社会的連帯経済 ……17, 70, 114, 145
社会・連帯経済 ……………113, 145
私有財 …………………………………142
小規模金融組合 ………………………73
食料主権 ………………………………182
新興国 …………………………………46
真の連帯経済 …………………………27
真理の支配 ……………………………56
スケープゴートの犠牲者化 …………76
スターバックス ………………………130
スローフード運動 ……………48, 183
正義論 …………………………………164
制度的革命党（PRI） ………………169
世界自然保護基金（WWF）…………96
世界社会フォーラム …………108, 147
世界貿易機関（WTO） ………………94
1968年 …………………………………85
潜在力 …………………………………181
組織的有機的連帯 ……………………146
尊厳ある貧困 …………………………47
———の経済 …………………………45

タ

多国籍企業 ……………………………76
多様性の承認 …………………………75
チアパス州 ……………………………74
地上 ……………………………………172
チャティーノ民族 ……………………15
チャリティ ……13, 18, 60, 128, 158
中国 ……………………………………46
チョンタル民族 ………………………15
低開発 …………………………………59
定義（フェアトレード）……………127
提携（連帯）型フェアトレード
………………………………131, 148
ディープ・エコロジスト ……………108
テワンテペック地峡 …………………168
———労働者・農民・学生同盟
（COCEI） ……………………………169
テンサウザンドビレッジ ……128, 158
『道徳的感情論』………………………184
ドレイファス …………………………78
トロント大学 …………………………95

ナ

日常生活に潜むナショナリズム……163
日常生活に潜むリバタリアニズム…162
人間の発展 ……………………………107
認証型フェアトレード ………131，148
ネスレ ………………………………78，130
農本主義 ……………………………181
——者 ……………………………143

ハ

バイオ燃料 ……………………………82
ハイチ ………………………………60，101
パレスチナ人 …………………………75
反グローバリゼーション運動 ………93
バンド・エイド的な解決方法 ………31
非暴力主義 ……………………………75
貧困との闘い …………………35，38
貧困（貧しさ）の聖書的意味 ……152
『貧困の放置は罪なのか』…………161
貧困は神による天罰 ………………138
ファシスト …………………………111
フェアトレード・インターナショナル（FLO） ……………………………131
フェアトレード・タウン運動 ………10
フェアトレード認証ラベル …117，131
——制度 …………………………67
フェアトレード・プレミアム………131
フォルクローレとしての文化………143
複文化社会 ……………………………75
ブータン ……………………………106
フリジア語 …………………………135
プロクター・アンド・ギャンブル …78
文化と言語 …………………………142
ベトナム戦争 …………………………94
ベネズエラ …………………………104
北米自由貿易協定（NAFTA）………82
誇り高き貧者 ………………………156
ポスト開発論・脱成長論 …………166
ボリビア ……………………………103
ボローニャ大学 ………………………95
盆栽ピープル …………………………86

マ

マサイの人々 …………………………49
マックス・ハベラー ………………131
マディヤ・プラデーシュ州 ………101
ミヘ民族 ………………………………15
ミレニアム開発目標（MDGs）…………………………………37，183
メガシティ …………………………110
メリルリンチ …………………29，31
毛沢東主義者 ………………………111
モダニティ ……………………………81

ヤ

有機的知識人 ………………………151
ヨーロッパ・フェアトレード連盟（EFTA）……………………………129
ヨーロッパ・ワールドショップ・ネットワーク（NEWS!）…………129

ラ

ラテンアメリカ司教会議（メデジン会議） …………………150
ラテンアメリカの解放の神学…………………………………13，149
リスクテイク …………………………41
利他精神 ……………………………159
リベラル・コミュニタリアリズム …27
リーマンブラザース …………………29
ルーヴァン大学 ………………………95
連帯 ……………………………………16
——経済の可能性 ………………148
労働司祭 ……………………5，15，151

ワ

ワールドショップ……………………128
われわれは歩きながら道をつくる …121

人名索引

ア

アインシュタイン ……34
アジェンデ大統領（政権） ……5，136
アルテュス＝ベルトラン ……96
伊藤恭彦 ……161
エステバ ……167
エチェペリア政権 ……136
オストロム ……11
オバマ大統領（政権） ……30，52

カ

ガンジー ……8，75，105，123
キング牧師 ……183
グティエレス ……150
クライン ……60
グラムシ ……26，136，151
黒田悦子 ……169
ケインズ ……32
ゴア ……46，95
コアディ司祭 ……12，13

サ

サルトル ……71
ジード ……146
須賀敦子 ……155
スティグリッツ ……28
スミス ……34，184

タ

チャベス ……104
チョムスキー ……184
ティンバーゲン ……136，140
デスコト ……27
デュルケーム ……146

ハ

ハイエク ……34
ハーシュマン ……148
ピノチェト将軍 ……136
フクヤマ ……102
フリードマン ……34
フロイト ……32

マ

マルコス副司令官 ……74
マンデラ ……105
ムーア ……96
モラレス ……103

ヤ

ユヌス ……86，97，181

ラ

ラトゥーシュ ……166
ラフォンテーヌ ……69
ローツェン ……67，134，139
ロールズ ……164

《著者紹介》
フランツ・ヴァンデルホフ（Francisco Van der Hoff Boersma）
1939年，オランダ生まれ。カトリック司祭。ナイメーヘン・ラドバウド大学時代に学生運動に参加。労働司祭としてチリに転じ，解放の神学に出会う。1980年頃メキシコ南部の山岳地帯に移り，数年後に先住民コーヒー生産者組合UCIRIを設立。1988年に世界初のフェアトレード・コーヒー認証ラベル「マックス・ハベラー」（現在の国際フェアトレードラベル機構につながる）をオランダの団体と共同で考案し，今日のフェアトレードの仕組みの基礎を築く。邦訳された著書に『フェアトレードの冒険』（ニコ・ローツェンとの共著，日経BP社）がある。政治経済，神学を含む4つの博士号を持つ。欧州評議会ノース・サウス賞など受賞・叙勲多数。

《訳者紹介》
北野　収（きたの・しゅう）
獨協大学外国語学部交流文化学科教授。企業で世論調査・市場調査に従事。農林水産省で農業経済事務官（国家Ⅰ種）として国際協力・ODA，農村整備・地域活性化，農業白書，行政改革会議等を担当。コーネル大学で修士号と博士号を取得。専門は開発研究（国際開発，農業農村開発，NGO論）。著書に『南部メキシコの内発的発展とNGO』（勁草書房），『国際協力の誕生』（創成社），*Space, Planning, and Rurality*（Trafford），『共生時代の地域づくり論』（編著，農林統計出版），『環境教育と開発教育』（共著，筑波書房），『アジアの持続可能な発展に向けて』（共著，慶應義塾大学出版会），『思考し表現する学生を育てるライティング指導のヒント』（共著，ミネルヴァ書房）など，訳書に『シビック・アグリカルチャー』（トーマス・ライソン著，農林統計出版）がある。日本国際地域開発学会奨励賞，日本NPO学会賞優秀賞，日本協同組合学会賞学術賞受賞。

（検印省略）

2016年8月25日　初版発行　　略称－マニフェスト

貧しい人々のマニフェスト
―フェアトレードの思想―

著　者　フランツ・ヴァンデルホフ
訳　者　北野　収
発行者　塚田尚寛

発行所　東京都文京区春日2－13－1　株式会社　創成社
電　話　03（3868）3867　ＦＡＸ　03（5802）6802
出版部　03（3868）3857　ＦＡＸ　03（5802）6801
http://www.books-sosei.com　振　替　00150-9-191261

定価はカバーに表示してあります。

©2016 Shu Kitano
ISBN978-4-7944-4072-3 C3036
Printed in Japan

組版：でーた工房　印刷：亜細亜印刷
製本：宮製本所
落丁・乱丁本はお取り替えいたします。

創成社の本

国際協力の誕生
―開発の脱政治化を超えて―

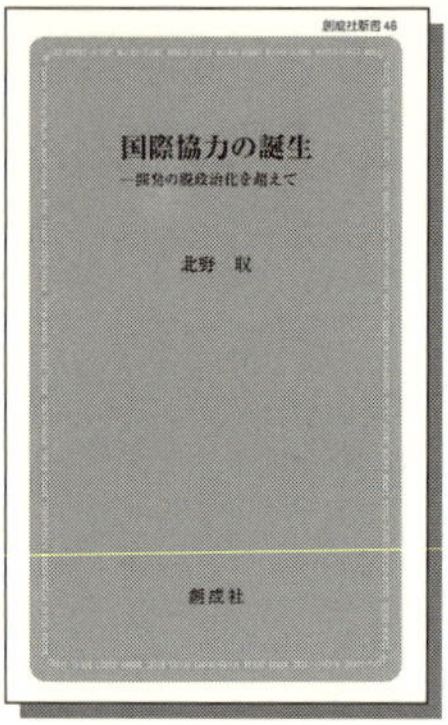

北野　収［著］

「国際協力」という言葉は、私たちにどのようなイメージを植え付けたのか？

国の政策やメディアの変遷をたどり，その本質を見つめ直す。

定価（本体800円＋税）

紛争後の復興開発を考える
―アンゴラと内戦・資源・国家統合・中国・地雷―

稲田十一［著］

紛争地域の「国づくり」はどのように行われているのか？

平和構築・復興支援の意義と限界を，4カ国の現地調査をもとにあぶり出した。

定価（本体1,700円＋税）

お求めは書店で

店頭にない場合は，FAX03（5802）6802か，TEL03（3868）3867までご注文ください。
FAXの場合は書名，冊数，お名前，ご住所，電話番号をお書きください。